AF571391

Parlons wolof

Langue et culture

COLLECTION DIRIGÉE PAR MICHEL MALHERBE

Déjà paru dans la collection :

MALHERBE M., TELLIER O. et JUNG WHA C.
« Parlons coréen », Ed. L'Harmattan, 1986.
MALHERBE M., CAVALIEROS K.
« Parlons hongrois », Ed. L'Harmattan, 1988.

Michel Malherbe — Cheikh Sall

PARLONS WOLOF

Langue et culture

Éditions L'Harmattan
5-7, rue de l'École-Polytechnique
75005 Paris

ISBN : 2-7384-0383-2
ISSN : 0762-0721

AVANT-PROPOS

Cet ouvrage est le troisième de la collection dont les premiers sont « **Parlons coréen** », paru en 1986 et « **Parlons hongrois** », paru en 1988.

Le wolof, langue maternelle de près de 40 % des Sénégalais, est, de loin, la plus importante des six « langues nationales » du Sénégal, devant le peul, parlé surtout par l'ethnie toucouleur (17,5 % de la population), le sérère (16,5 %), le diola 8 %, le malinké 6 % et le soninké 6 % (voir la carte).

Véritable langue véhiculaire des différentes ethnies du pays, le wolof est parlé ou compris par plus de 80 % des Sénégalais. Cependant le français est la langue officielle, il est enseigné dès l'école primaire et un francophone n'éprouve aucune difficulté à se faire comprendre partout.

A cet égard, il est frappant de constater à quel point les cultures africaines restent ignorées. Certes les Occidentaux s'intéressent à l'art ou au folklore africain mais ils ne disposent que de rares informations sur ce qui constitue l'originalité de la pensée et des modes de vie de chaque ethnie africaine. C'est pourquoi nous avons voulu présenter à un large public de lecteurs, non seulement la langue, mais tout ce qui marque le particularisme de la culture wolof.

Notre approche de la langue n'a pas la prétention de permettre une communication avec les Sénégalais meilleure qu'avec le français. Le lecteur sera cependant en mesure de s'exprimer en wolof, ce qui rendra encore plus facile l'établissement de liens amicaux. Les Sénégalais sont en effet particulièrement sensibles à une marque d'intérêt et de compréhension, malheureusement trop rare, à l'égard de leur culture. Or le lecteur pourra constater, rien qu'à la lecture du sommaire, la richesse de traditions qui ont gardé toute leur originalité malgré l'assimilation de nombreux apports extérieurs.

Ce qui rend la culture sénégalaise particulièrement passionnante, c'est précisément qu'elle se situe au carrefour de trois mondes, africain, musulman et européen.

L'ambition de ce livre est de mieux faire saisir la superposition et l'intrication de ces trois cultures.

La langue témoigne plus particulièrement des racines africaines et c'est pourquoi nous lui consacrerons la plus grande place.

La civilisation musulmane se manifeste essentiellement dans la religion, puisque le Sénégal est islamisé à 85 %, alors que les chrétiens, surtout sérères et casamançais, sont moins de 10 % et les animistes purs moins de 5 %.

Quant à la culture européenne, elle est, pour l'essentiel, le fruit d'une longue histoire commune avec la France. Depuis le milieu du XVIIe siècle, les contacts ont été constants et sont progressivement devenus une véritable symbiose. La place de la langue française, conséquence d'un passé colonial révolu, se justifie par les multiples liens de coopération économique et culturelle entre la France et le Sénégal : près de 70 % des échanges extérieurs du Sénégal s'effectuent avec la France, les Français résidant au Sénégal sont près de 20 000, tandis que les Sénégalais en France, étudiants, travailleurs et familles confondus, approchent le chiffre de 35 000.

Le développement relativement récent du tourisme multiplie encore les occasions de contacts amicaux, puisque ce sont plus de 250 000 touristes français qui choisissent le Sénégal chaque année.

Cependant, si la culture française a été brillamment assimilée par bon nombre de Sénégalais, au premier rang desquels se place Leopold Sedar Senghor, agrégé de grammaire française et premier président de la République du Sénégal, il faut regretter que les Français n'aient pas à leur disposition de quoi mieux comprendre la culture sénégalaise.

Cet ouvrage est une réponse modeste à ce projet ambitieux. Il est le fruit de la collaboration étroite entre M. Cheikh Sall qui prépare une thèse de 3e cycle sur la langue wolof et Michel Malherbe, auteur des **Langages de l'humanité** (éd. Seghers, 1983), qui dirige la collection à l'Harmattan.

*

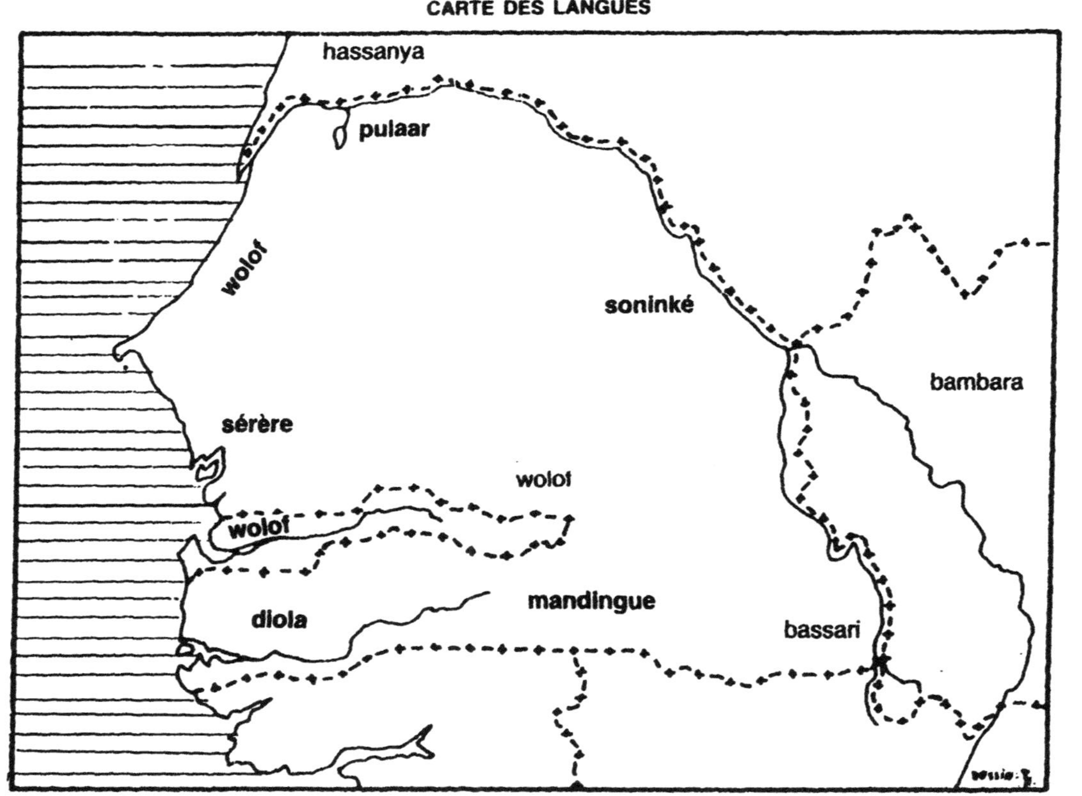

--- frontière d'Etat

diola, langue nationale sénégalaise

bassari, autre langue

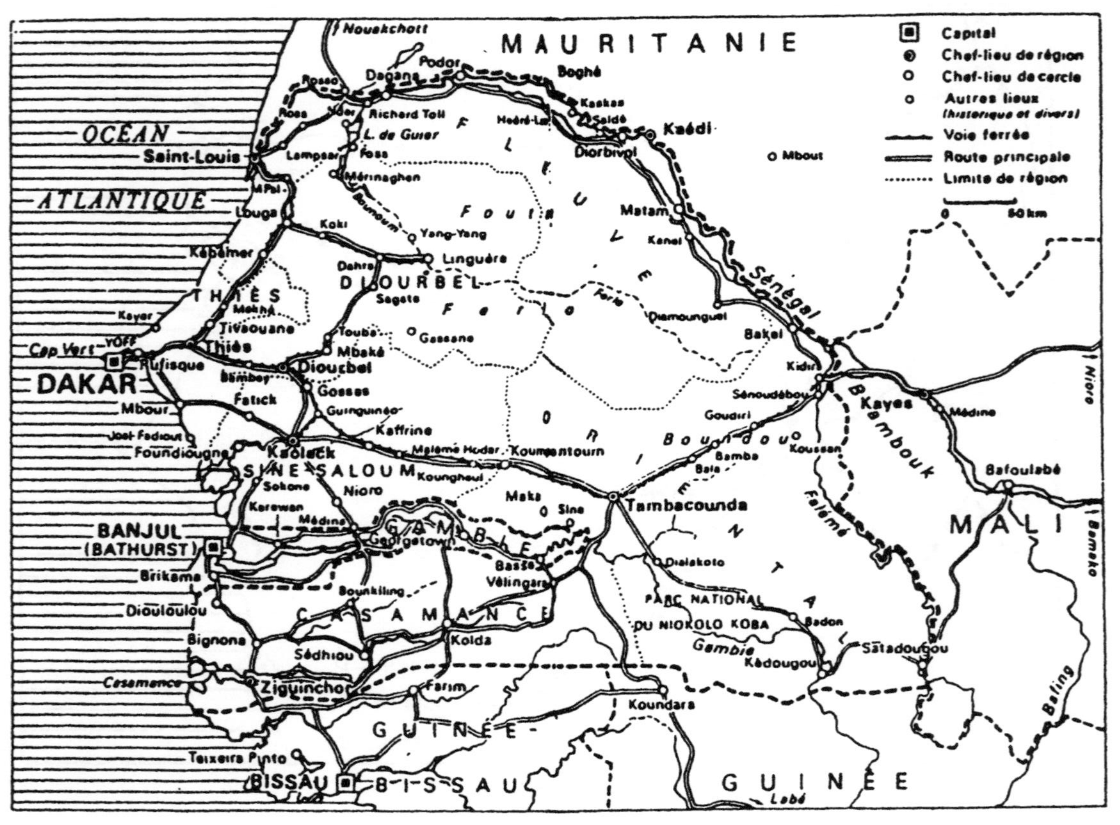

Capital
Chef-lieu de région
Chef-lieu de cercle
Autres lieux (historique et divers)
Voie ferrée
Route principale
Limite de région
0
50 km
MAURITANIE
OCÉAN
ATLANTIQUE
Nouakchott
Podor
Rosso
Dagana
Boghé
Kaskas
Saldé
Kaédi
Mbout
Richard Toll
L. de Guier
Fass
Lampsar
Saint-Louis
Mérinaghen
Diorbivol
Matam
Kanel
Louga
Koki
Yang-Yang
Linguère
Kébémer
Dahra
DIOURBEL
THIÈS
Kayar
Tivaouane
Thiès
Cap Vert
YOFF
DAKAR
Rufisque
Diourbel
Touba
Mbaké
Gassane
Gossas
Fatick
Mbour
Guinguinéo
Kaffrine
Foundiougne
Kaolack
SINE-SALOUM
Koungheul
Koumpentourn
Sokone
Nioro
Karewan
Médina
Maka
Sine
Tambacounda
BANJUL
(BATHURST)
Georgetown
GAMBIE
Basse
Vélingara
Brikama
Bounkiling
Dioulouloù
CASAMANCE
Kolda
Bignona
Sédhiou
Ziguinchor
Casamance
Farim
Koundara
GUINÉE-
Teixeira Pinto
BISSAU
GUINÉE
Labé
Fouta
Ferlo
Diamounguel
Bakel
Sénégal
Kidira
Sénoudébou
Goudiri
Boundou
Bamba
Bala
Koussan
Dialakoto
PARC NATIONAL
DU NIOKOLO KOBA
Gambie
Badon
Kédougou
Satadougou
Falémé
Kayes
Bambouk
Médine
Bafoulabé
MALI
Nioro
Bamako
Baling
FLEUVE
ORIENTAL

LE PEUPLE WOLOF

Les origines

Dès que l'on remonte à une certaine antiquité, la seule source d'information sur les peuples africains est leur tradition orale. Malgré ses imprécisions et la part inévitable des légendes, la tradition apporte quantité d'indications très précieuses sur l'histoire, la culture et la religion qu'il convient cependant d'interpréter ou de confronter, quand cela est possible, avec les documents établis par des voyageurs étrangers ou d'autres données comme celles de l'archéologie.

La linguistique peut également apporter une contribution utile pour confirmer certaines hypothèses historiques : le fait que deux langues soient parentes implique que les peuples qui les parlent aient eu des contacts, soit qu'il s'agisse de deux branches du même peuple, soit qu'il y ait eu domination culturelle de l'un sur l'autre.

Ces diverses données laissent des zones d'ombre qui s'épaississent quand on remonte le temps. C'est pourquoi l'origine lointaine des Wolofs reste très controversée.

La parenté linguistique du wolof avec le peul peut accréditer l'hypothèse d'une origine commune des deux peuples. Or il est assez généralement admis que les Peuls seraient originaires de la vallée du Nil, d'où ils auraient émigré il y a quelques milliers d'années avant notre ère pour faire route vers l'ouest jusqu'à l'océan Atlantique, à l'époque où le Sahara comportait encore assez de pâturages. Depuis les Peuls se sont implantés dans la vallée du fleuve Sénégal, le Fouta Toro, dans le Fouta Djalon en Guinée (1) et certains d'entre eux, après une nouvelle migration, cette fois vers l'est, se sont établis dans tout le Sahel, au Mali, au Burkina-Faso, au Niger, au Nigeria et au Cameroun.

---

(1) « Fouta » est, à proprement parler, le « pays des Peuls ».

On peut penser que les Wolofs se sont constitués à la suite d'un brassage de populations entre des Peuls et d'autres ethnies africaines préexistantes, mais rien ne permet jusqu'à présent, de confirmer ni d'infirmer cette hypothèse.

Les débuts de la période historique

Selon la tradition orale, la langue et le peuple wolof auraient pris naissance quand un certain N'Dia Diane N'Diaye établit les royaumes du Walo et du Djolof (2). La légende veut que N'Dia Diane N'Diaye soit un sage sorti des eaux : il aurait trouvé une solution équitable à une dispute entre riverains du fleuve et ceux-ci l'auraient désigné comme roi. Cet épisode pourrait se situer autour des années 1200 de notre ère. Il est donc postérieur aux premières pénétrations de l'islam dont les sources musulmanes relatent les étapes avec une certaine précision.

Ce sont les Berbères sanadja du Sahara, convertis au Xᵉ siècle qui furent les vecteurs de l'islamisation dans cette partie de l'Afrique noire. Au XIᵉ siècle, leur confrérie des Almoravides soumit à l'islam le chef Wara Diobé du Fouta Toro, lequel entreprit à son tour l'islamisation des populations avoisinantes, en particulier des Wolofs.

Cette évolution religieuse se développa jusqu'au XIXᵉ siècle, en pleine période coloniale, aboutissant à l'islamisation quasi totale des Wolofs.

L'histoire de ces quelques siècles est riche d'événements relativement bien connus, tout au moins dans leurs grandes lignes. C'est une alternance de royaumes forts, constitués sous l'autorité de personnalités dynamiques, qui se démembrent ensuite sous l'effet de forces féodales centrifuges.

Plusieurs royaumes ont marqué la région de leur empreinte :

— le royaume de Tekrour, situé dans la basse vallée du fleuve Sénégal, était constitué dès le Xᵉ siècle. Son souverain d'alors, Wara Diobé (Waar Jaabi) réussit à en faire un creuset d'ethnies où cohabitaient Peuls, Sarakolés, Berbères, Wolofs et Lébous. Sous le règne de trois souverains peuls successifs, le royaume prit le nom de Fouta.

— le royaume de Ghana, prospère au XIᵉ siècle, se situait,

(2) Selon l'orthographe du wolof que nous étudierons plus loin, ces noms s'écrivent respectivement : Ŋja Jaan Njaay, Waalo et Jolof.

contrairement à ce que l'actuel pays de ce nom pourrait faire croire, entre les fleuves Sénégal et Niger. Dirigé par des Berbères puis par des Sarakolés, il fut très ébranlé par les Almoravides mais survécut jusqu'au XIVe siècle, quand il fut absorbé par l'empire du Mali.

— l'empire du Djolof ou Grand-Djolof regroupait au XIIe siècle les provinces du Walo, du Cayor et du Baol qui échappèrent ainsi à la tutelle du Tekrour. Au XIVe siècle, cet empire se soumit provisoirement à la suzeraineté du Mali puis, vers le milieu du XVIe siècle, il éclata pour laisser place à plusieurs Etats issus des anciennes provinces (Walo, Djolof, Cayor et Baol). Il s'y ajouta un peu plus tard la « république Lébou », sur le territoire du Grand-Dakar actuel.

— l'empire du Mali, s'étendait au moment de sa splendeur, vers le milieu du IVe siècle, depuis les rives de l'Atlantique jusqu'au nord de l'actuelle capitale du Niger, Niamey. La partie est de cet ensemble était constituée des restes de l'empire Songhaï, qui occupa la boucle du Niger du XIe au XIIIe siècle. Il fut vassalisé par le Mali à la fin du XIIIe siècle. en revanche, l'empire des Mossi, centré sur Ouagadougou, l'actuelle capitale du Burkina-Faso, ne fut jamais soumis au Mali.

Ces différents empires contribuèrent à forger une certaine unité culturelle de la région, ce qui favorisa notamment l'islamisation. Ce n'est donc pas par hasard que celle-ci ne fut que partielle au sud du territoire de ces empires. Cela explique pour une part que les Sérères du Sine et du Saloum gardent aujourd'hui encore un certain équilibre entre l'islam, le christianisme apporté par les Européens et, dans une moindre mesure, l'animisme. Ce dernier est encore bien vivant en Casamance et au Sénégal oriental.

On peut soutenir aussi que la domination coloniale, en permettant une circulation facile des idées et des hommes dans l'ensemble de l'Afrique, favorisa involontairement une deuxième étape de l'islamisation qui se poursuit encore aujourd'hui.

*

La période coloniale et l'histoire contemporaine

Notre propos n'est pas de décrire en détail les péripéties de l'histoire du Sénégal qu'on pourra trouver dans de nombreux ouvrages spécialisés. Nous rappellerons seulement les grandes lignes des faits qui ont marqué l'évolution du peuple wolof depuis ses premiers contacts avec les Européens.

Ce sont les Portugais qui apparurent d'abord. C'est pourquoi l'Europe se dit encore en wolof Tugal ou Tugël, abréviation de Portugal.

Après Dinis Dias qui ne fit que passer en 1441, c'est le Vénitien Ca da Mosto, au service du prince portugais Henri le Navigateur, qui effectua la première visite au damel, souverain du royaume wolof du Cayor. Ses successeurs établirent divers comptoirs à Rufisque, à Joal et dans l'île de Gorée, alors appelée Palma.

Les Hollandais prirent la place des Portugais et occupèrent Gorée en 1588. Les Français et les Anglais s'intéressèrent à leur tour à la région et en 1654 Richelieu accorda à trois compagnies françaises le privilège de s'y établir pour commercer.

La première installation française permanente date de 1641. Un comptoir et un fortin sont fondés en 1659 à l'embouchure du fleuve Sénégal. C'est ce fort Saint-Louis qui est à l'origine de la ville de ce nom. En 1677, les Français de l'amiral d'Estrées chassent les Hollandais de Gorée ; ils y établissent la Compagnie du Sénégal qui s'implante aussi sur la côte à Rufisque, Joal et Portudal.

Pendant de longues années, les rapports entre Français et Wolofs furent surtout de nature commerciale. L'activité la plus importante était la sinistre traite des Noirs destinée à alimenter en esclaves les plantations en pleine expansion des deux Amériques et des Antilles.

Gorée était le port d'embarquement de ces malheureux dont on peut encore visiter les geôles. Toutefois les Wolofs n'eurent pas trop à souffrir de l'esclavage : ils étaient les maîtres sur leur territoire et les comptoirs européens n'auraient pas pu longtemps subsister dans un climat d'hostilité permanente.

Les esclaves étaient donc, pour la plupart, des prisonniers rafflés par les trafiquants dans les pays de l'intérieur peuplés d'ethnies non wolofs (3). Les Wolofs qui se trouvaient éventuellement vendus étaient soit déjà des esclaves, soit des prisonniers de droit commun.

Pendant près de deux siècles, les incursions françaises loin à l'intérieur du Sénégal ne furent que l'exception. En revanche, les établissements côtiers subirent tous les contrecoups des guerres européennes et furent successivement sous la domina-

---

(3) Il est intéressant de noter que l'ancien champion d'athlétisme et ministre français des Sports, Roger Bambuck, né aux Antilles, porte le nom d'un ancien royaume de l'intérieur situé sur la haute vallée du Sénégal.

tion française ou anglaise. Ce n'est qu'après le traité de Paris en 1814 que la présence française sur les côtes du Sénégal se stabilisa.

C'est Faidherbe, gouverneur entre 1854 et 1865, qui entreprit véritablement la conquête de l'intérieur par les armes ou, quand c'était possible, par les négociations et le jeu des oppositions ethniques. Outre les Wolofs, Maures, Toucouleurs, Soninkés, Sérères, Diolas et Balantes principalement tentèrent successivement de s'opposer à la mainmise française. Certains chefs particulièrement valeureux comme El Hadj Omar, dans le Sénégal oriental, furent bien près de réussir. La conquête française ne fut définitivement achevée qu'en 1895.

Quelques dates clés jalonnent l'histoire du Sénégal jusqu'à l'indépendance :

— 1841 introduction de la culture de l'arachide
— 1857 fondation de Dakar
— 1886 achat par la France de la région de Ziguinchor aux Portugais
— 1895 création du Gouvernement général de l'Afrique occidentale française
— 1916 les habitants de Gorée, Saint-Louis et Rufisque sont citoyens français de plein droit
— 1927 dernière épidémie de fièvre jaune
— 1944 début de la décolonisation par le général de Gaulle à la conférence de Brazzaville
— 1956 loi Lamine Gueye conférant la citoyenneté française à tous les Africains de l'Empire. Léopold Sédar Senghor est élu député.
— 1958 transfert de la capitale de Saint-Louis à Dakar ; le 25 novembre proclamation de la République
— 1959 union fédérale Sénégal-Mali
— 1960 indépendance de la République (18 juin) et éclatement de la fédération avec le Mali (20 août).

Depuis l'indépendance, le Sénégal a vécu une vie politique assez exemplaire, sans crise majeure susceptible d'en ébranler la démocratie. Son problème essentiel est celui du développement économique, entravé par des ressources naturelles très limitées.

Les traces de l'histoire dans la culture wolof

Aucun peuple n'échappe à son histoire et la culture wolof contemporaine reste marquée par ce long passé, même s'il n'est connu qu'imparfaitement. Il est frappant de constater que le pays wolof s'est trouvé à plusieurs reprises et successivement sous des régimes qui lui assurèrent tantôt les avantages inhérents aux grands ensembles, tantôt ceux des structures purement ethniques. Les anciens royaumes ont laissé leur empreinte d'une façon qui n'est pas sans rappeler le particularisme encore très vivant des anciennes provinces françaises. Ainsi le Sénégal a su protéger l'esprit individualiste de ses populations sans pour autant les désintéresser de la construction de vastes projets politiques. La tentative de création d'une fédération Sénégal-Mali après l'indépendance comme les idées toujours actuelles d'une Sénégambie témoignent de l'ouverture des Sénégalais à un élargissement de leur horizon du type « marché commun ».

Cette attitude d'esprit se retrouve dans le domaine linguistique : le Sénégal mène avec persévérance une politique tendant à l'établissement d'un bilinguisme général wolof-français, sans pour autant brimer en aucune façon les minorités attachées à d'autres langues.

Peut-être faut-il voir dans l'histoire l'explication de l'aptitude exceptionnelle du peuple sénégalais pour la démocratie.

LA LANGUE WOLOF

Selon les estimations des linguistes, il existerait plus de 1 000 langues en Afrique sur un total d'environ 3 000 dans le monde. Précisons qu'il s'agit de langues et non de dialectes, c'est-à-dire que deux personnes de langues différentes ont, dans les cas les plus favorables, au moins autant de difficultés à se comprendre entre elles qu'un Français et un Italien.

Pour mieux situer le wolof dans l'univers complexe des langues africaines, quelques explications ne sont pas inutiles. L'émiettement linguistique africain pourrait paraître décourageant s'il n'existait entre ces langues certaines parentés qui permettent de définir de grands groupes, caractérisés par une similitude de grammaire et un vocabulaire commun. C'est une situation que nous connaissons bien en Europe où la plupart des langues appartiennent au groupe indo-européen. A l'intérieur de ce groupe, des parentés plus nettes rassemblent les langues latines, germaniques, slaves, etc.

En Afrique, les linguistes ont identifié une quinzaine de groupes de langues, tandis qu'au Sénégal les diverses ethnies parlent des langues appartenant à deux groupes seulement.

Après quelques indications sur ces groupes, nous évoquerons très succinctement les autres groupes linguistiques du continent.

Les deux groupes linguistiques du Sénégal

Le **wolof** appartient au groupe des langues « ouest-atlantiques », dites aussi « sénégalo-guinéennes ». Ce groupe compte une vingtaine de langues dont la plus importante numériquement est le **peul**. Au Sénégal, le peul, appelé également poular ou pulaar, est la langue des Toucouleurs, c'est-à-dire des habitants de la province du Tekrour, qui vivent principalement le long du fleuve Sénégal. Rappelons que le peul, avec plus de 12 millions de locuteurs, est la troisième langue d'Afrique noire par ordre d'importance, après le haoussa (25 millions) et le swahili (15 millions).

Dans le même groupe, on trouve aussi le **sérère**, parlé surtout dans la privince sénégalaise du Sine-Saloum, le **diola**, parlé dans l'Ouest de la Casamance, et diverses langues mineures parlées par des ethnies de Casamance ou du Sénégal oriental comme le **mandjak** ou le **bassari**.

Le groupe comprend aussi certaines langues qui ne sont pas parlées au Sénégal mais sont présentes en Guinée, Conakry ou Bissau, ainsi qu'en Sierra Leone.

Retenons que quatre des six « langues nationales » du Sénégal — le wolof, le peul, le sérère et le diola — appartiennent au groupe ouest-atlantique.

*

Les autres langues du Sénégal appartiennent au groupe mandé dont le berceau se situe entre le haut Sénégal et le fleuve Niger. Les langues les plus importantes de ce groupe sont le **bambara** (et sa variante dialectale le **dioula**) parlé autour de Bamako et répandue jusqu'en Côte-d'Ivoire, le **soninké**, dit aussi sarakolé, parlé dans la partie oriental du Sénégal vers Bakel et dans l'Ouest du Mali, le **mandingue**, parlé en Casamance et en Guinée-Bissau, le **soussou**, parlé en Guinée dans la région de Conakry, etc.

Deux de ces langues, le soninké et le mandingue (dit aussi malinké), sont « langues nationales » du Sénégal.

*

Pour être complet, il faut rappeler que vivent au Sénégal des représentants d'autres ethnies africaines dont la langue peut ne pas appartenir aux deux groupes précédents. C'est le cas des Maures, au nombre de plus de 50 000, dont la langue est une forme d'arabe, l'**hassanya**. Il faudrait mentionner également les communautés de Français et de Syro-Libanais établies durablement dans le pays.

Les autres groupes linguistiques d'Afrique

Le plus important groupe linguistique africain est celui des bantous. Il occupe, en gros, tous l'espace du continent situé au Sud de l'équateur et compte la moitié des langues africaines, soit 500 à 600.

Parmi les principales langues de ce groupe, il faut citer le **swahili**, au vocabulaire teinté d'arabe, langue officielle de la Tanzanie et véhiculaire dans une grande partie de l'Est africain, depuis les Comores jusqu'au Zaïre, le **lingala**, le **kikongo** et le **tshiluba**, autres langues véhiculaires de ce dernier pays, le **boulou** et l'**éwondo**, au Gabon et au Sud-Cameroun, le **kirundi** et le **kinyarwanda**, très proches l'un de l'autre, langues officielles du Burundi et du Rwanda respectivement, le **luganda**, langue de l'Ouganda, le **zoulou**, le **xhosa**, l'**isiswazi**, le **sotho**, le **setswana**, le **bemba**, parlés dans la partie australe de l'Afrique, etc.

Au nord des langues bantoues, on rencontre de l'est à l'ouest :

— le **somali** et d'autres langues d'un groupe appelé couchitique auquel appartient aussi l'**afar** de Djibouti ; l'**issa** est une variante du somali.

— les langues sémitiques d'Ethiopie, dont la langue officielle de ce pays, l'**amharique**.

— les nombreuses langues nilotiques, dont la plus importante est le **nubien** parlé jusqu'à Assouan en Egypte ; le **masaï** du Kenya appartient aussi à ce groupe.

— des langues très diverses, difficiles à classer, qui s'étendent entre le Nigeria et l'Ouganda, notamment au sud du Tchad (langue **sara** par exemple) et en République Centre-africaine, avec le **sango** comme langue véhiculaire.

— le **haoussa**, la langue d'Afrique noire la plus parlée (environ 25 millions de locuteurs), occupe le Nord du Nigeria et le Sud du Niger tout en jouant un rôle important de langues véhiculaire auprès des ethnies voisines. Peu de langues lui sont apparentées, on peut citer cependant le **mandara**, parlé par les populations kirdi du Nord-Cameroun et le **toupouri** aux confins du Tchad et du Cameroun.

— les langues du golfe de Guinée constituent un vaste ensemble de plusieurs dizaines de langues caractérisées par un système de tons très remarquable qui en rendent l'apprentisage fort difficile, pour les mêmes raisons que celui du chinois. Ces langues s'étendent de la frontière du

Cameroun, à l'est du Nigeria, jusqu'au Liberia inclusivement. Les plus connues d'entre elles sont le **calabar** (appelé aussi **efik** ou **ibibio**), l'**ibo** et le **yorouba** sur le territoire du Nigeria ; le **fon**, le **gen**, l'**éwé**, au sud du Bénin et du Togo ; le **twi**, le **fanti** et l'**ashanti** au Ghana ; l'**agni** et le **baoulé** en Côte-d'Ivoire.

— au nord du groupe précédent se situe un groupe particulier, celui des langues voltaïques, centrées, comme leur nom l'indique, autour du bassin des rivières Volta. Elles comprennent notamment le **moré**, langue des Mossi, le **gourmantché**, le **kabré**, le **bobo**, le **koulango**, le **sénoufo**, etc.

Situation linguistique du wolof

La parenté du wolof avec ses deux principaux voisins, le peul et le sérère, n'est pas telle qu'elle permette l'intercompréhension, loin de là. Elle est comparable à celle du français et du russe, qui sont tous deux des langues indo-européennes. Cette parenté se traduit par une série de principes grammaticaux communs et par un stock limité de mots de même origine. Par exemple, les langues du groupe ont toutes un système de classes nominales dont les « articles » se placent après le nom, comme nous le verrons bientôt. En ce qui concerne le vocabulaire, rares sont les mots vraiment reconnaissables. Ceux qui suivent sont parmi les plus convaincants :

— « paix » se dit **jamm** dans les trois langues

— « homme » est **goor** en wolof, **kor** en sérère, **gorko** en peul (**ko** est l'article)

— « femme » se dit **tev** en sérère (**rev** au pluriel) et **debbo** en peul (**rewbe** au pluriel) ; les finales **bo** et **be** équivalent à l'article.

— « apprendre » se dit **jang** en peul et en wolof.

La grammaire présente davantage de similarités, l'une des plus frappante est le système des classes des noms, au nombre d'une dizaine avec autant d'articles. A noter aussi qu'on compte par 5.

Il ne faut donc pas nourrir l'espoir de pouvoir comprendre le peul ou le sérère après avoir étudié le wolof. Il y a d'ailleurs deux langues sérères très distinctes, le sérère sin-sin et le sérère ndout.

Le morcellement linguistique, quasi général en Afrique, touche donc le Sénégal comme les autres pays. Cependant le wolof tient une place très priviligiée qui justifie pleinement de lui porter un intérêt particulier.

On oublie trop souvent que le wolof est la langue de deux ethnies, les Wolofs proprement dits et les Lébous (1). Ces derniers sont peu nombreux (environ 80 000) mais ils occupent un territoire stratégique exceptionnel, celui de Dakar. La capitale qui fut aussi, à la période coloniale, celle de l'ensemble de l'Afrique occidentale française, a pris une position politique et économique dominante au Sénégal au point qu'elle est devenue le creuset de toutes les ethnies du pays. Dakar contribue donc fortement à la « wolofisation » de la population, comme d'ailleurs à l'expansion du français.

C'est ainsi que le wolof a pris la place prééminente de langue véhiculaire de l'ensemble du Sénégal : on estime en effet que 80 % des Sénégalais parlent ou comprennent le wolof. Il faut mentionner également le fait que le wolof se parle aussi en Gambie, dont la langue officielle est l'anglais : les rapports entre Gambiens et Sénégalais se font donc le plus souvent en wolof. Ces différents facteurs permettent au wolof d'assurer une certaine unification linguistique de l'ensemble Sénégal-Gambie.

En réalité, le Sénégal devient de plus en plus un pays bilingue, wolof-français : le français est la langue internationale, administrative et commerciale tandis que le wolof est la langue populaire et familiale. Cette situation n'est pas la plus fréquente en Afrique, où de nombreux pays souffrent d'une situation linguistique bien plus complexe (2).

La radio et la télévision contribuent aussi à l'accélération du bilinguisme au Sénégal. Du fait que l'ethnie wolof est la plus importante et compte environ 40 % de la population, il y a davantage d'émissions en wolof que dans les cinq autres langues nationales officielles.

---

(1) Le peul, ou pulaar, est aussi la langue des deux ethnies, Peuls et Toucouleurs, cette dernière s'étant, dit-on, formée à la suite d'un métissage entre Peuls et Sérères. En ce qui concerne les Lébous, leurs particularismes culturels sont l'objets d'un paragraphe dans la partie de ce livre consacrée à la culture wolof.

(2) En dehors du cas exeptionnel du Burundi et du Rwanda qui ont une langue nationale unique, on peut citer parmi les rares pays qui disposent d'une seule langue véhiculaire assez généralement comprise :

— la République Centrafricaine avec le sango

— à un moindre degré, le Mali avec le bambara

— les pays anglophones de l'Est africain, surtout la Tanzanie, avec le swahili.

L'absence de langue africaine véhiculaire conduit certains pays comme le Gabon à compter sur le français pour jouer ce rôle, ce qui peut présenter un risque de « créolisation » pour ce dernier.

En ce qui concerne l'enseignement, chacune des langues nationales figure au programme de l'école primaire dans la zone où elle est parlée majoritairement ; le wolof bénéficie donc de son poids démographique supérieur et de son utilité plus grande pour les élèves.

En résumé, la situation linguistique du Sénégal se présente actuellement à peu près de la façon suivante :

Langue officielle : c'est le **français** enseigné dès l'école primaire. On compte 11 000 instituteurs et 1 000 professeurs sénégalais de français auxquels s'ajoutent une centaine de coopérants. De plus, environ les 3/4 des programmes de télévision sont en français. Bien que l'on évalue à seulement 10 % la proportion des Sénégalais parlant parfaitement le français, le nombre de ceux qui le comprennent assez pour leurs besoins s'accroît rapidement.

Langues nationales : elles sont au nombre de six :

— le **wolof**, langue maternelle de 40 % de la population, compris par 80 %
— le **peul**, ou **pulaar**, langue maternelle de 17,5 % de la population, compris par 25 %
— le **sérère** (sérère sin-sin ou sérère ndout), langue maternelle de 16,5 %
— le **diola**, langue maternelle de 8 % de la population
— le **mandingue**, ou **malinké**, langue de 6 % de la population
— le **soninké**, ou **sarakolé**, parlé par environ 6 % de la population.

Ces langues sont enseignées dans le primaire, là où elles sont majoritaires.

Autres langues : il existe une dizaine d'autres langues africaines parlées par des ethnies peu nombreuses (bassari, coniagui, balante, bedik...). Ces ethnies vivent toutes en Casamance ou au Sénégal oriental.

Langues étrangères : l'**anglais** est la langue la plus demandée au lycée. Outre son rôle international, l'anglais est la langue officielle de la Gambie voisine.
L'**arabe** est en progression. Il est adopté par 10 % des lycéens, mais il existe aussi près de 2000 écoles coraniques, dont chacune ne comporte généralement qu'un enseignant ; ces écoles forment environ 50 000 élèves.

Il ne nous reste plus qu'à aborder l'étude détaillée du wolof. Vous ne manquerez pas d'être frappés par son originalité et son intérêt intellectuel.

Nous vous proposons une approche de la langue en trois parties :

— l'écriture, qui fait appel à des conventions particulières
— la grammaire, partie la plus importante
— le vocabulaire et sa formation.

L'ÉCRITURE

Comme la plupart des langues du monde, notamment africaines, la culture s'est longtemps transmise par voie purement orale. Vers le XIe siècle, l'islam a provoqué le contact avec une civilisation de l'écriture. Tout naturellement donc, les premières tentatives d'écriture du wolof ont été réalisées avec l'alphabet arabe, progressivement complété par quelques lettres destinées à rendre des sons inexistants en arabe (1).

Bien plus tard, à la période coloniale, ont eu lieu les premières transcriptions de langues africaines avec l'alphabet latin. Ce dernier, plus riche en voyelles que l'alphabet arabe, ne permet cependant pas une écriture fidèle de tous les sons du wolof. Des conventions particulières ont été mises au point par les linguistes et ont été officialisées par un décret de 1975. C'est ce système d'écriture du wolof que nous emploierons ici à quelques différences minimes près.

Le wolof reste cependant écrit en lettres arabes quand il s'agit de textes religieux ou de personnes dont la formation est principalement coranique.

Les conventions du CLAD (Centre de linguistique appliquée de Dakar) qui définissent les règles d'écriture du wolof en lettres latines répondent à un souci de rigueur. Elles ont toutefois l'inconvénient de ne pas être toujours celles du français, ce qui peut conduire le débutant à des difficultés ou à des erreurs de lecture. Il peut même arriver que des personnes de langue maternelle wolof, mais qui n'ont appris à lire qu'en français, éprouvent des difficultés à comprendre un texte wolof, faute de savoir le prononcer correctement.

---

(1) Pour les arabisant, ڮ rend la lettre **g** et جۛ peut rendre soit la consonne **c**, prononcée à l'italienne **tch**, soit le groupe de consonnes **ng**.

Quoiqu'il en soit, ce ne sont que des problèmes mineurs qui disparaissent très vite après quelques heures de pratique.

☐ *L'alphabet wolof*

○ *Les voyelles*

Le wolof emploie 6 voyelles : **a, ë, e, i, o, u**.
Les seules différences avec le français sont les suivantes :

— **ë** se prononce comme **eu** dans le français **jeu** ou **e** dans **je**.
— **e** se prononce comme **é** en français.
— **u** se prononce toujours **ou** comme dans le français **chou**, jamais **u** comme dans **tu**.

Chacune des six voyelles peut être longue ou brève. La convention adoptée officiellement est de rendre les voyelles longues par le redoublement de la lettre : par exemple **aa** est un **a** long comme dans pâte, par opposition à **patte** ; **ee** se prononce **ê** comme dans **tête**. Attention à ne pas vous laisser entraîner par la lecture anglaise de **oo** : c'est un **o** long comme dans **beau**, jamais prononcé **ou**.

Le doublement des voyelles longues alourdit un peu l'orthographe mais il permet une prononciation plus rigoureuse. En aucun cas il ne faut prononcer séparément les deux voyelles d'un couple ; par exemple **oo** se prononce comme **oh** et jamais **oh-oh**.

○ *Les consonnes*

Le wolof emploie 18 consonnes :

— **b, c, d, f, g, j, k, l, m, n, ñ, p, r, s, t, w, x** et **y.**

w et y sont des « semi-voyelles » **w** se prononce comme le français **ou** (**wolof** se dit **ouolof** et non **volof**) ; **y** « mouille » la voyelle qui l'accompagne (**ay** se prononce **aille** et **yo**, comme dans **yoyo**).

Les seules différences avec le français concernant les autres consonnes sont les suivantes :

— **c** se prononce « à l'italienne », entre **tch** et **tj**.
— **g** est toujours « dur » comme dans **gare**, et jamais **j** comme dans **girafe**.
— **j** se prononce **dj** comme dans l'anglais **John**

— **ñ** correspond au groupe de consonnes **gn** comme dans **rogne**. Contrairement au français, ce son se trouve souvent en début de mot. Dans le dictionnaire, les mots commençant par cette lettre forment une rubrique distincte de celle commençant par **n**.

— **x** n'a rien de commun avec le **x** français, c'est le **j** espagnol (la **jota**) ou le **ch** final allemand de **Bach**. Il rend également la lettre arabe خ , souvent transcrite par **kh** dans d'autres langues.

On remarque que le wolof ne connaît pas les sons rendus en français par les lettres **j, z** ou **ch**.

Précisons que le wolof « nasalise » fréquemment certaines lettres, ce qui se traduit dans l'orthographe par les combinaisons **mb, mp, nd, nk, ñc, ñj**. En aucun cas ces lettres ne doivent être prononcées séparément, elles constituent une seule émission de voix.

Dans certains cas, le wolof insiste sur la consonne qui est ainsi prononcée avec plus d'intensité. Généralement cette prononciation se traduit par un doublement de la consonne (exemple : **bopp**). Cette règle n'est pas toujours suivie et il peut se faire que vous rencontriez une transcription ne comportant qu'une seule consonne. Cette pratique est regrettable car on trouve parfois des couples de mots qui ne se distinguent que par cette intensification de la consonne (2). Il vaut mieux donc respecter la règle du doublement de la consonne, de la même façon qu'on redouble les voyelles longues.

N'oubliez pas que le wolof est une langue beaucoup plus parlée qu'écrite et que l'orthographe n'est pas encore fixée avec la rigidité que nous connaissons en français.

Ainsi certains auteurs font apparaître un **é** et un **à** qui se distinguent du **e** et de l'**a** par l'ouverture de la voyelle. On trouve parfois aussi un **q**, distinct du **k** comme le ق arabe se différencie du ك . En outre, certains textes n'ont pas adopté les lettres **x** et **ñ** qui sont respectivement transcrites par **kh** et **gn**. Enfin, en partie pour des raisons de différences dialectales, on écrit parfois un **ë** au lieu d'un **o** ou d'un **a**, ou bien le contraire.

L'important est d'être informé de l'existence de ces imprécisions orthographiques, notamment pour trouver un mot dans le dictionnaire.

---

(2) Exemple : **fat**, « ranger » et **fatt**, « boucher », **nit**, « homme » et **nitt**, « 20 ».

□ *Prononciation*

Grâce aux indications ci-dessus, vous n'aurez désormais pas de difficultés à lire le wolof et à le prononcer à peu près correctement. Les conventions adoptées pour l'écriture du wolof ont en effet l'avantage d'une certaine rationalité : c'est une écriture phonétique où toutes les lettres se prononcent toujours de la même façon sans exception ; en particulier le wolof ne connaît pas les tons qui existent dans de nombreuses langues africaines... et en chinois.

Bien sûr, seule la pratique vous permettra de vous former l'oreille pour une prononciation parfaite, mais les Sénégalais ne vous feront aucun reproche pour quelques erreurs, d'autant plus que leur langue connaît elle-même différentes formes dialectales de prononciation (3).

Pour améliorer progressivement votre prononciation, reportez-vous à la cassette où sont enregistrés les mots et expressions du livre.

Dernière remarque avant d'aborder la grammaire, le wolof met l'accent sur la première syllabe des mots et non sur la dernière comme en français.

---

(3) On distingue quatre variantes dialectales du wolof correspondant au Cap-Vert, au Saloum, au Nord et et Centre du pays. Ainsi, de nombreux noms et verbes possèdent un **a** final qui se note **ë** au Centre et au Nord et peut même disparaître. Nous avons généralement omis cette lettre finale qui n'est jamais accentuée.

LA GRAMMAIRE

Le wolof n'est ni plus ni moins facile que le français, mais sa grammaire est profondément différente.

Les particularités les plus marquantes sont les suivantes :

— les noms ne se répartissent pas entre masculins et féminins, mais en « classes » au nombre de 10. Ce système, plus ou moins complet, se retrouve dans de nombreuses langues africaines, notamment les langues bantou. La classe se caractérise par un « article » qui, contrairement au français, est placé après le nom.

— les verbes ne marquent ni les temps, ni les modes, ni les personnes, ce sont différents pronoms qui expriment ces nuances.

— les verbes peuvent prendre divers suffixes qui traduisent ce que sont en français le passif, le réfléchi, la répétition de l'action, la forme négative...

En somme, les deux difficultés principales du wolof portent sur les « articles » et sur le système des pronoms.

□ *Le nom et son article défini*

Pas plus qu'il n'existe en français de moyen sûr de connaître le genre d'un nom, il n'y a pas de règle infaillible pour savoir à quelle « classe » appartient un nom wolof. Le mieux est donc d'apprendre l'article en même temps que le nom.

Les 10 articles se composent tous d'une consonne et d'une voyelle. Les consonnes sont :

b, g, j, k, l, m, w et s ; **ñ** et **y**.

La voyelle est soit **i** pour ce qui est proche, soit **a** (inaccentué et souvent prononcé **ë**) pour ce qui est lointain.

Par exemple, avec le mot **bunt** qui signifie « porte », on aura :

bunt bi, « la porte » (près d'ici)
ou **bunt ba**, « la porte » (un peu plus loin).

Cependant les 10 classes n'ont pas toutes la même importance et les linguistes ne s'accordent d'ailleurs pas sur ce nombre ; certains ne considèrent que les 8 premières, qui sont les « articles » des noms au singulier. Les noms au pluriel se répartissent en 2 classes seulement, celles en **ñ** et en **y**. Les noms sont en effet invariables et le pluriel se marque seulement par un changement d'article (comme en français le nez et les nez).

En général, la consonne initiale du nom détermine, à quelques exceptions près, la consonne de l'article :

— les noms commençant par **p** ou **b** ont pour article **bi/ba**
exemple : **paaka bi**, « le couteau »
— les noms commençant par **f** ou **w** ont pour article **wi/wa**
exemple : **fas wi**, « le cheval »
— les noms commençant par **d**, **t** ou **j** ont pour article **ji/ja**
exemple : **jigeen ji**, « la femme »
— les noms commençant par **g** ou **x** ont pour article **gi/ga**
exemple : **gaal gi**, « le bateau », « la pirogue »
— les noms commençant par **m** ont pour article **mi/ma**
exemple : **meew mi**, « le lait »
— les noms commençant par **s** ont pour article **si/sa**
exemple : **safara si**, « le feu »

et ainsi de suite...

On constate que la consonne de l'article est fréquemment la même que l'initiale du nom, ce qui facilite la mémorisation mais ce n'est pas, loin s'en faut, une règle absolue. Parmi les nombreuses exceptions, on peut retenir que :

— les noms d'arbres ont pour article **gi/ga**
— les noms de parenté et ceux de certains fruits ont pour article **ji**/ja
— les noms de liquides ont pour article **mi/ma**
— les noms d'origine étrangère et les noms de personnes ont pour article **bi/ba**.

En résumé, la notion de classe est extrêmement complexe, elle peut comprendre soit des mots ayant une certaine parenté phonétique (la consonne initiale), soit des mots dont le sens a une certaine parenté (1). La classe permet de distinguer, par exemple :

— **banaana bi**, « la banane » (article déterminé par l'initiale)

de — **banaana gi**, « le bananier » (article déterminé par la notion d'arbre).

Retenons également que l'article **bi/ba** est de loin le plus fréquent, ne serait-ce que par l'abondance de mots étrangers dans le wolof moderne :

— **lamp bi**, « la lampe »
— **kaas bi**, « le verre » (de l'arabe kas, verre).

Malgré les efforts que nous avons faits pour dégager des règles, on trouvera encore bien des exceptions qui ne s'expliquent que par l'usage. Exemples :

— **nit ki**, « l'homme », « la personne »
— **xar mi**, « le mouton »
— **cin li**, « la casserole », etc.

N'ayez donc pas trop d'inquiétudes si vous faites quelques erreurs que personne ne vous reprochera et, plutôt que d'hésiter, employez **bi** qui sera toujours compris.

Notez aussi que les noms de pays ou de régions ne prennent jamais d'articles :

— **Frans**, « la France »
— **Gine**, « la Guinée »
— **Kayoor**, « le Cayor »
— **Baol**, « le Baol », etc.

□ *Pluriel des noms*

Les noms restent invariables au pluriel, seul l'article de classe change.

Il n'y a que deux groupes d'articles de classe pour les pluriels : **yi/ya**, de loin le plus fréquent, et **ñi/ña** qui ne s'emploie qu'avec les noms ayant pour article **ki/ka**.

Par exception, les mots **bët**, « œil », **loxo,** « bras », **bunt**, « porte », **bant**, « bois », et **lëf**, « chose » forment leur pluriel en changeant aussi leur consonne initiale : **gët**, « yeux » ; **yoxo**, « bras » ; **wunt**, « portes » ; **want**, « bois » ; **yëf**, « choses ». Tout se passe comme si la consonne initiale jouait le rôle d'un article de classe qui se modifie au pluriel. On peut voir dans cette

(1) Le système des clés de l'écriture chinoise n'est pas sans analogie avec celui des classes des langues africaines.

particularité une influence des langues du groupe bantou dans lesquelles l'article de classe est placé avant le nom. La modification de la consonne initiale est bien plus fréquente en wolof ancien ou dans les autres langues du groupe ouest-atlantique.

□ *L'article indéfini*

L'article indéfini wolof se place devant le nom, comme en français. Il y a deux articles indéfinis singuliers, **benn** et **aw**. Exemple :

— **benn kër**, « une maison »
— **aw kër**, « une maison ».

Benn est le mot qui traduit le nombre « un » (2). On utilise **benn** pour compter, ce qui est impossible avec **aw**.

Il y a aussi deux articles indéfinis au pluriel : **ay** et **ayi** qui sont parfois simplifiés en **yi** ou **i**.

On dira donc indifféremment **ay neek** ou **ayi neek** pour dire « des chambres ». Rappelons que les noms restent toujours invariables au pluriel, celui-ci n'étant marqué que par l'article.

□ *L'absence d'article*

En français, un nom est toujours accompagné d'un article, défini ou indéfini, ou encore d'un démonstratif ou d'un possessif. En wolof, assez logiquement, on considère que, quand un nom a un complément, ce complément suffit à définir le nom et l'article n'est pas nécessairement employé. Nous reviendrons sur ce sujet dans le paragraphe sur le complément du nom.

Parfois aussi, dans les proverbes par exemple, l'absence d'article correspond à un article indéfini français.

□ *Le démonstratif*

Il existe différentes formes de démonstratifs. Le plus simple se forme en allongeant la voyelle de l'article : **bunt bi**, « la porte », devient **bunt bii**, « cette porte-ci ». **Bii** peut aussi se

---

(2) Notons que, selon les linguistes, le **b** de benn s'apparente à une marque de classe. Aussi ne faut-il pas s'étonner de trouver parfois, surtout en wolof ancien, des formes telles que **fenn**, **geen**, **kenn**, **ñenn**, **yenn** ou **lenn** pour exprimer **un** avec des mots dont l'article de classe n'est pas **bi/ba**.

placer avant le nom, peut-être pour mieux le différencier de l'article. Naturellement, la consonne du démonstratif est la même que celle de l'article et dépend de la classe du nom. Exemple : **kër gii** ou **gii kër**, « cette maison-ci ».

L'article en **a** ne produit pas de démonstratif : pour dire « ce... là », on emploie la consonne de l'article suivie de **-ee**. Exemple : **bunt bee**, « cette porte là » ; **kër gee**, « cette maison là ».

Une autre forme de démonstratif s'obtient en renforçant l'article par le suffixe **-le** : nit kile, « cet homme-ci » ; **nit kale**, « cet homme-là » ; **bunt bile**, « cette porte-ci », **bunt bale**, « cette porte-là ». Comme en français, la première forme (en **i**) indique la proximité et la seconde (en **a**) l'éloignement. Ainsi, les deux formes **bunt bee** et **bunt bale** sont parfaitement équivalentes.

Un troisième type de démonstratif se forme de façon un peu plus compliquée, sur le modèle **boobu** : la consonne de l'article du nom (ici **b**) est suivie de **-oo-**, puis on répète la consonne et on termine par l'une des voyelles **u** ou **a**. Ce type de démonstratif s'emploie quand il y a une proximité ou un rapport quelconque entre le nom affecté du démonstratif et la personne à qui l'on parle. Quant à la voyelle finale du démonstratif, **u** marque la proximité de la personne qui parle et **a** l'éloignement. Exemples : **bunt boobu**, « cette porte-ci » (près de toi) ; **kër googa**, « cette maison-là » (que tu connais ou dont tu rappelles, etc). Notons que cette forme de démonstratif peut aussi prendre le suffixe **-le** ; on peut donc trouver des démonstratifs complexes tels que : **boobule**, **moomule**, etc.

Les pronoms démonstratifs sont :
moom ou **moomi**, « celui-ci »
moomee, « celui-là ».

Ils sont formés, avec les désinences **i** ou **ee** vues ci-dessus, à partir d'un pronom de la troisième personne du singulier que nous étudierons ultérieurement.

Au pluriel, le pronom **moom** devient **ñoom**, « ils », « eux » et les pronoms démonstratifs sont donc :
ñoom ou **ñoomi**, « ceux-ci »
ñoomee, « ceux-là ».

□ *Les adjectifs possessifs*

Tous les adjectifs possessifs se placent avant le nom auxquels ils se rapportent, à l'exception de celui de la 3ᵉ personne qui se suffixe au nom.

Au singulier, ces adjectifs sont les suivants :

sama... « mon », « ma »

sa... « ton », « ta »
— am
— ëm (3) « son », « sa ».
— om
sunu... « notre
seen... « votre »
seen... « leur » (identique à « votre »).

Les adjectifs possessifs pluriels sont les suivants :

samay... « mes »
say... « tes »
ay... -( )m « ses »
sunuy... « nos »
seeni... « vos »
seenu... « leurs ».

Notons que « ses » se forme en ajoutant l'article indéfini pluriel **ay** devant le possessif singulier. On trouve aussi la forme **seenly** pour « vos » ; **seeni** et **seenu** se réduisent parfois à **sen**, comme au singulier.

Voici quelques exemples des divers adjectifs possessifs :

sama loxo, « ma main »
loxoom, « sa main »
sunu kër, « notre maison »
xaram, « son mouton »
samay nak, « mes vaches »
say yëre, « tes habits »
ay kërem, « ses maisons »
seeni yëf, « vos affaires ».

◻ *Les pronoms possessifs*

Les pronoms possessifs se forment avec le mot **bos** auquel s'applique l'adjectif possessif. On obtient donc :

sama bos **« le mien », « la mienne »**
sa bos **« le tien », « la tienne »**
bosam **« le sien », « la sienne »**
sunu bos **« le nôtre », « la nôtre »**
seeni bos **« le vôtre », « la vôtre »**
seeni bos **« le leur », « la leur ».**

(3) La voyelle de ce suffixe est déterminée par la dernière voyelle du nom : **fas-am**, son cheval ; **kër-ëm**, sa maison.
En fait, la distinction entre **-ëm**, **-am** et **-om** est peu perceptible.
L'accord de la voyelle du suffixe avec celle du nom est appelée « harmonie vocalique » par les linguistes. Cette particularité se rencontre notamment dans toutes les langues du groupe turc.

Au pluriel, **bos** est remplacé par **yos** :

sama yos	**« les miens, les miennes »**
sa yos	**« les tiens, les tiennes »**
yosam	**« les siens, les siennes »**
sunu yos	**« les nôtres »**
seeni yos	**« les vôtres »**
seeni yos	**« les leurs »**.

Cependant cette forme est rarement utilisée, **yos** est de plus en plus remplacé par le mot **afeer**, emprunté au français « affaires », ce qui donne : **sama afeer**, **les miens** et ainsi de suite.

□ *Les prépositions*

Le wolof n'a que très peu de prépositions. La plus importante est **ci** (4) qui a un rôle polyvalent, aussi bien pour le temps que pour les lieux. On dira par exemple **ci jamm**, « dans la paix » (formule couramment utilisée pour dire au revoir) ; **ci lan**, « à propos de quoi » (**lan** signifie « quoi ») ; **ci saxaar**, « par le train » (**saxaar** est un train) ; ou bien **ci at yi weesu**, « il y a quelques années » (**at yi**, « les années » ; **weesu**, « dépasser » ; « dans les années passées »).

Cependant la préposition **ci** a un caractère trop général pour être employée seule dans toutes les situations. On la complète donc par un nom pour préciser le sens, mais seulement si c'est nécessaire. On aura ainsi :

— **ci biir**, « dans », « à l'intérieur de » (**biir** est le « ventre »)
— **ci biti**, « en dehors » (**biti**, « l'extérieur »)
— **ci kanam**, « devant »
— **ci ginnaaw**, « derrière »
— **ci wet**, « à côté de »
— **ci kow**, « sur » (**kow**, « sommet »)
— **ci suuf**, « sous » (**suuf**, « sol »).

Quelques autres mots wolofs peuvent jouer le rôle de prépositions françaises, ce sont :

ba, « jusqu'à »

ak ou **ag**, dont le sens principal est « et », signifie aussi « avec » ou « grâce à »

ngir, « pour » (on emploie aussi le mot français écrit **pur**)

---

(4) En vieux wolof, **ci**, comme les articles, peut changer de voyelle et devenir **ca** pour s'appliquer à quelque chose de lointain.

Exemples :
« jusqu'à Saint-Louis », **ba Ndar**
« il est sorti avec Samba », **and na ag Samba (and na** signifie « il est sorti »)
« pour toi », **ngir yow**.

En wolof, la préposition ne s'emploie que si elle est nécessaire. Ainsi, avec les verbes de mouvement, la préposition ne s'emploie pas.
Exemple : **demal kër ga**, « va à la maison » (**demal**, « va » ; **kër**, « maison »).

Il n'existe pas non plus de distinction entre verbes transitifs et intransitifs, c'est dire que le complément du verbe est généralement introduit sans préposition. Ainsi, pour « demande à Faal », on dira **laajal Faal** (« interroge Faal », sans préposition « à »).
A noter que **ci** peut jouer également le rôle du partitif français « en » :

may ko ci, « offre-lui en » (**may**, « offrir »)
lekk naa ci, « j'en ai mangé » (**lekk**, « manger »).

On dit aussi **wax ci**..., « parler de... ».

□ *L'adjectif*

L'adjectif épithète se place après le nom mais on doit intercaler entre le nom et l'adjectif une sorte de relatif formé avec la même consonne que l'article de classe du nom, mais avec la voyelle **u**. Si le nom est défini, l'article défini se place après l'adjectif ; si le nom est indéfini, on n'emploie pas d'article.

Exemples :
« la grande porte », **bunt bu mag bi (bunt** = « porte », **bu** = relatif, **mag** = « grand » et **bi** est l'article de classe de **bunt**)
« une grande porte », **bunt bu mag**
« les grandes portes », **bunt yu mag yi** (**yu** est le relatif formé à partir de l'article pluriel de classe **yi**)
« des grandes portes », **bunt yu mag**.

On aura de même :
fas wu ñuul wi, « le cheval noir » (**fas**, « cheval » ; **ñuul**, « noir » ; **wi**, article de classe de **fas**,qui donne **wu**)
fas yu ñuul yi, « les chevaux noirs »
fas wu ñuul, « un cheval noir »
fas yu ñuul, « des chevaux noirs ».

○ *Le comparatif*

Le mot wolof pour « plus » est **gën**. Exemple : « plus grand », **gën mag**.

Une phrase comparative telle que « ma maison est plus grande que la tienne » peut utiliser l'une ou l'autre des deux tournures :

suma kër moo gën mag sa kër (litt. : « ma maison est plus grande ta maison) ou bien

suma kërë gënë mag sa kër (il n'y a plus de verbe « être » mais une terminaison **ë** sur deux mots).

A noter que le wolof ne répugne pas à répéter le nom au lieu d'employer le pronom possessif ; il n'y a pas de mot équivalent à « que » dans la phrase comparative française.

○ *Le superlatif*

Le superlatif absolu, que le français forme avec un adverbe comme « très », est rendu en wolof avec l'adverbe **lool**, généralement placé après l'adjectif. **Lool** a également le sens de « trop ».

Exemple :

ñit ku baax lool, « un homme très bon » (**ñit**, « homme » ; **baax**, « bon »).

A noter que certains adjectifs, en particulier ceux désignant des couleurs, ont un adverbe particulier pour former leur superlatif (voir lexique).

Le superlatif relatif (« le plus... ») emploie le mot **gën**, « plus », du comparatif selon la tournure suivante :

Kër gi gënë rafet, « la maison la plus belle ».

En ce qui concerne l'ajectif attribut, nous renvoyons le lecteur au chapitre sur le verbe « être » dans les pages suivantes.

□ *Le complément du nom*

Le complément se place après le nom mais celui-ci prend un suffixe qui est **-u** au singulier et **-i** au pluriel. Ce **u** ou ce **i** devient **wu** ou **wi** après une voyelle. Ce suffixe serait un ancien article jouant un rôle de relatif.

L'application du suffixe **u/i** au nom entraîne la disparition de l'article ; le complément, quant à lui, conserve le sien s'il est défini.

Exemple :

« la porte d'une maison » ou « une porte d'une maison », **buntu kër**

« la porte de la maison » ou « une porte de la maison », **buntu kër gi**

« la grande personne de la maison », **magu kër gi (mag**, « grand » est pris comme nom)

« les grandes personnes de la maison », **magi kër gi**.

Quand le complément se rapporte à un nom suivi d'un adjectif, on peut avoir l'une des deux constructions suivantes :

« le cheval noir du Maure », **fasu Naar wu ñuul wi** (« cheval du Maure, le noir »)

ou bien : **fas wu ñuulu Naar wi** (« cheval noir du Maure), mais cette dernière construction est moins fréquente et moins populaire.

□ *Les nombres*

Depuis que l'homme compte sur ses doigts, il n'a guère inventé que trois systèmes de nombres : le plus répandu est le système décimal qui nous est familier, mais certaines langues comptent par 20 (système vigésimal) et d'autres par 5 (système quinaire). Le wolof reste très influencé par ce dernier système, comme le français garde une trace du système vigésimal dans « quatre-vingts ».

Les nombres du wolof sont les suivants :

1	**been**	6	**jurom been** (litt. : 5-1)
2	**ñaar**	7	**juroom ñaar** (5-2)
3	**ñat** ou **ñet**	8	**juroom ñat** (5-3)
4	**ñeent** ou **ñeneent**	9	**juroom ñeent** (5-4)
5	**juroom**	10	**fukk.**

Au-delà de 10, la formation des nombres est très simple, seuls 20 et 30 ont des formes irrégulières :

11	**fukk ak been** (littéralement : 10 et 1)
12	**fukk ak ñaar** (10 et 2)
...	
16	**fukk ak juroom been** (10 et 5-1)
...	
20	**ñaar fukk** ou **nitt**
...	
26	**ñaar fukk ak juroom been** (2-10 et 5-1)
...	
30	**fan weer** (littéralement « jour-lune » : 30 est le nombre de jours du mois lunaire)
40	**ñeent fukk** ou **ñeneent fukk**
50	**juroom fukk**
60	**juroombeen fukk**

70 **juroomñaar fukk**
80 **juroomñat fukk**
90 **juroomñeent fukk**
100 **temeer**
101 **temeer ak been**
138 **temeer ak fanweer ak juroomñat**
200 **ñaari temeer**
300 **ñati temeer**
...
1000 **junne** ou **junni** ou **njunni**
1001 **junneek been** ou **junni ak been**
...
2000 **ñaari junne**
...
5000 **juroomi junne**
...
5319 **juroomi junne ak juroom ñati temeer ak fukk ak juroomñeent** (littéralement : « cinq mille et cinq trois cente et dix et cinq-quatre)
10 000 **fukki junni**
1 million **alfa junne** (« alfa » est le mot arabe pour « mille », c'est donc « mille mille »).

On remarque l'usage de la voyelle finale **i** dans les nombres tels que **fukki**, **temeeri**, **ñaari**, etc. Cette forme très populaire est incorrecte du point de vue grammatical ; on devrait employer un **u** et non un **i** et dire, par exemple : **fukku junne** (10 000). Nous avons cependant conservé la forme en i, beaucoup plus fréquente.

○ *Les nombres ordinaux*

Leur formation se fait avec le suffixe **-eel** ajouté au nombre cardinal. Comme un français « premier » fait exception :

« premier » **jëk** ou **ñjëk**
« deuxième » **ñaareel**
« troisième » **ñateel**
« quatrième » **ñeenteel**
...
« sixième » **juroombeeneel**
...
« dixième » **fukkeel**
...
« soixante-dixième » **juroom ñaar fukkeel**

etc.

Comme en français, le nombre ordinal se place avant le nom selon la construction des exemples suivants (le **u** intercalé est celui employé avec les compléments de nom) :

ñateelu mbedd mi, « la troisième rue »
juroomeelu gaal ga, « la 5ᵉ pirogue ».
fukeelu garab ga, « le 10ᵉ arbre ».

Attention, au-delà de 10 les dizaines seules précèdent le nom et les unités sont placées après :

« le onzième arbre », **fukeelu garab ga'k benn** (litt. : « dixième arbre-le et un).

○ *Expressions diverses*

« un à un », **been ak benn** (« un avec un »)
« une fois », **benn yoon** (**yoon** = « une fois »)
« un de mes amis », **sama benn xarit** (litt. : « mon un ami »)
« ni l'un ni l'autre », **du ci benn** (litt. : « pas dans un »)

A noter que le wolof ne dispose pas de tournure pour exprimer les fractions, sauf **genn wal** (littéralement « une part ») qui signifie « moitié ». **Genn** est le nombre « un », avec la consonne de classe **g** au lieu de **b** habituellement.

□ *Les pronoms personnels*

Comme en français, le pronom personnel wolof prend des formes selon qu'il est isolé, sujet ou complément d'objet, direct ou indirect. C'est ce qu'on constate dans la phrase « moi, je me dis... » où le pronom de la première personne du singulier apparaît sous les trois formes.

En wolof, les pronoms isolés et compléments n'ont, comme en français, qu'une forme pour chaque personne, mais en revanche les pronoms sujets sont d'une grande complexité car ils se combinent avec des sortes d'auxiliaires pour marquer les temps et les modes du verbe. C'est ce que nous verrons dans le chapitre sur les verbes, nous contentant ici de présenter les pronoms isolés et compléments.

Les pronoms personnels isolés sont les suivants :

	singulier	pluriel
1re personne 2e personne 3e personne	**man** (moi) **yow** (toi) **moom** (lui, elle)	**ñun** (nous) **yeen** (vous) **ñoom** (eux, elles)

Exemple : « Diop et moi », **Joop ak man**
« toi et moi », **yow ak man**.

Les pronoms personnels compléments d'objets ne connaissent qu'une forme, qu'ils soient directs ou indirects. Ce sont les suivants :

	singulier	pluriel
1re personne 2e personne 3e personne	**ma** (me, moi) **la** (te, toi) **ko** (le, la, lui)	**nu** (nous) **leen** (vous) **leen** (leur)

Exemple : « donne moi », **jox ma** ; « donne lui », **jok ko** ; « donne le lui », **jox ko ko** ; « donne le moi », **jox ma ko**.

Notons que le wolof n'emploie pas « vous » pour la forme polie de la 2e personne du singulier sauf exceptionnellement à certaines hautes autorités.

□ *Les verbes*

Le système des verbes en wolof est aussi dépaysant que celui des articles.

Nous commencerons par présenter le verbe « être », qui est relativement simple et suit des règles différentes des autres verbes.

○ *Le verbe « être »*

En wolof, il existe deux verbes « être » : l'un s'emploie pour les adjectifs attributs (« la maison **est** grande) et l'autre pour les noms (« Dakar **est** une ville ») (5).

Au présent, le premier verbe est **da** ou **dafa**, il se place avant l'adjectif comme en français ; le second est **la** et se place après le nom.

Ni l'un ni l'autre de ces verbes ne marque les personnes. Voici quelques exemples de leur utilisation :

kër gi dafa mag, « la maison est grande » (**mag** = « grand »)

Joop jangalekat la, « Diop est professeur ».

Si l'on rencontre la construction avec **la** avec un adjectif, c'est que celui-ci est pris dans un sens nominal :

Joop mag la, « Diop est une grande personne ».

Au passé, on ajoute une terminaison **-oon** à l'adjectif en gardant le verbe **da** ou **dafa** sans modification (**-oon** devient **-woon** si l'adjectif se termine par une voyelle). On aura donc :

kër gi dafa magoon, « la maison était grande ».

Avec le verbe **la**, c'est celui-ci qui prend la terminaison **-woon** du passé :

Joop jangalekat lawoon, « Diop était professeur ».

Le futur se forme un peu moins simplement :

— dans le cas des adjectifs attributs, la forme future de **da/dafa** est **dana** et l'adjectif prend une finale **i** caractéristique du futur de l'adjectif. Exemple : **kër gi dana magi**, « la maison sera grande ».

— dans le cas des noms, la tournure avec **la** n'est pas possible ; on emploie le futur du verbe **nekk**, « devenir », et on dira :
Joop dana nekki jangalekat, « Diop sera professeur » (« Diop deviendra professeur »).

Le verbe **nekk** a également le sens de « se trouver », « être quelque part ». C'est donc lui qui traduit le verbe « être » quand il a ce sens particulier.

Exemple :

« Je suis à Paris », **mangi nekk Paris** (**mangi** est un pronom).

Ajoutons que le verbe « être » tel qu'on le rencontre dans l'expression française « c'est... qui... » se traduit simplement en wolof par des pronoms personnels spéciaux. Ces pronoms sont les suivants :

---

(5) On sait qu'en espagnol il existe aussi deux verbes « être », mais ils s'emploient différemment : l'un, **estar**, signifie « se trouver » et l'autre, **ser**, décrit un état :

estar a Paris, « être à Paris »

ser medico, « être médecin ».

	singulier	pluriel
1re personne 2e personne 3e personne	maa yaa moo	noo yeen ñoo

Ces pronoms se placent avant le verbe et mettent le sujet en valeur.

Exemple : **maa dem**, « c'est moi qui suis parti», « c'est moi qui suis parti et pas un autre ».

Ces pronoms impliquent une certaine exclusivité, le sujet étant seul impliqué dans l'action du verbe. C'est pourquoi on emploie cette série de pronoms dans le comparatif, comme nous l'avons vu précédemment :

sama kër moo gën mag sa kër, « ma maison est plus grande que ta maison », avec le sens de « ma maison, c'est elle qui est plus grande, et pas une autre ».

Les exemples précédents emploient généralement le verbe « être » à la troisième personne. Rappelons que, puisque le verbe wolof ne marque pas les personnes par des terminaisons particulières seul le jeu des pronoms exprime les autres personnes.

Exemples :

« je suis professeur », **jangalekat laa**

« tu es à Paris », **yangi nekk Paris**.

Ces divers pronoms vont être présentés en détail à propos de la conjugaison des autres verbes.

○ *Le verbe*

Le verbe wolof ne marque pas les personnes. De plus, au lieu des temps et des modes qui nous sont familiers, c'est plutôt le caractère achevé ou inachevé de l'action que privilégie le wolof. C'est dire qu'il ne sera pas possible de toujours traduire un présent français par une même forme verbale wolof. Ainsi le français « je mange » peut aussi bien se rapporter à une action habituelle (je mange tous les jours à la cantine), à une action en cours (attends, je mange) ou à une intention pour le futur immédiat (assez travaillé, je mange). Le wolof ne traduit pas de la même façon ces différentes acceptions du présent français. Nous avons donc pris le parti de décrire les formes verbales du wolof sans vouloir à tout prix leur donner un exact correspondant français, d'ailleurs introuvable. Nous verrons cependant que certaines formes verbales comme l'impératif ne présentent pas cette difficulté.

Le présent « déclaratif »

Une forme verbale très caractéristique du wolof est celle de l'expression habituelle pour prendre congé **mangi dem**. **Dem** est le verbe **« partir »**, invariable, et **mangi** un pronom qu'on peut traduire par **« me voici qui »**: il s'agit d'une déclaration de la première personne du singulier qui indique l'action qu'elle va faire (**mangi dem**, « me voici qui pars »).

La série complète de ces pronoms est :

	singulier	pluriel
1re personne	mangi	nungi
2e personne	yangi	yeen angi
3e personne	mungi	ñungi

Ces pronoms se composent en fait d'un pronom proprement dit et du suffixe -**angi** qui apparaît clairement à la 2e personne du pluriel. La personne ou la chose à laquelle s'applique ce suffixe est ainsi mise en valeur, mais toujours avec l'idée d'un présent, ou plus précisément d'un fait ou d'une action en cours.

A cet égard, cette forme présente des analogies avec la forme progressive anglaise en **-ing (I am leaving**, je pars).

Une différence de nature existe cependant, en ce sens que le suffixe -**angi** s'applique exclusivement aux pronoms ou même aux noms, avec le sens de voici... On dira par exemple :

sa weccit-angi, voici ta monnaie (**weccit**, monnaie)
kër-angi, voici une maison (sans article)
kër g(i) angi, voici la maison (prononcé *kërgangi*).

On qualifie parfois le suffixe -**angi** de « présentatif ».

Signalons enfin que, pour des personnes ou des objets éloignés ou qui ne sont pas présents, le suffixe change son **i** final en **a** comme le font les articles (par exemple : **mungi** devient **munga**, « le voilà, là-bas, qui... »).

Le présent « inaccompli »

Une forme verbale qui recouvre assez exactement les diverses nuances du présent français des verbes d'action (action en cours, action imminente ou action habituelle) est dite inaccomplie par les linguistes. Elle peut se construire de deux façons différentes ; la première met en valeur le sujet du verbe, la seconde son complément d'objet direct.

Les séries de pronoms correspondants sont :

1)

	singulier	pluriel
1re personne	dinaa	dinanu
2e personne	dinga	dingeen
3e personne	dina	dinañu

(La syllabe **di** de ces pronoms joue le rôle d'un auxiliaire qui marque l'inaccompli.)

Exemple : **dinaa ubbi bunt bi**, « j'ouvre la porte », « je vais ouvrir la porte » (**ubbi**, « ouvrir », **bunt bi**, « la porte »), l'ordre des mots est : **pronom**, **verbe**, **complément d'objet**.

2)

	singulier	pluriel
1re personne	laay	lanuy
2e personne	ngay	ngeeni (y)
3e personne	lay	lañuy

Avec cette deuxième série de pronoms, l'ordre des mots est différent : **complément**, **pronom**, **verbe**.

Exemple : **bunt bi laay ubbi**, « j'ouvre la porte ».

En plaçant le complément de l'action en tête, celui-ci ressort davantage comme dans le français « c'est la porte que j'ouvre ».

Le présent « accompli »

On doit distinguer les verbes exprimant une action et ceux décrivant un état.

1) pour les **verbes d'état**, cette forme de présent se caractérise par la série de pronoms suivantes :

	singulier	pluriel
1re personne 2e personne 3e personne	laa nga la	lanu ngeen lañu

Ces pronoms se composent, peut-on dire, d'un « auxiliaire » **la** (qui n'apparaît pas à la deuxième personne) et d'un pronom proprement dit. Quand il n'y a pas d'autre verbe dans la proposition, cet auxiliaire **la** correspond au verbe **être** français au présent. Exemple : **bindkat laa**, « je suis écrivain » (**bindkat** signifie « écrivain »). S'il y a un verbe, on a, par exemple :

Joop laa sant, « je m'appelle Diop » [**sant** est le verbe « s'appeler », « avoir pour nom de famille », par opposition à **tur** « avoir pour prénom »] (6).

L'ordre des mots est : **complément**, **pronom**, verbe. Cette forme met en valeur le complément, contrairement aux pronoms du présent « déclaratif », du type **mungi**, vus plus haut qui font ressortir le sujet.

On constate aussi que cette série de pronoms se différencie de celle du présent « inaccompli » par la suppression du **y** final. A l'inverse, on peut aussi bien dire que l'adjonction d'un **y** aux pronoms du présent accompli les transforme en pronoms du présent inaccompli. La fonction de cet **y** est équivalente à celle de **di** que l'on trouve dans l'autre série de pronoms du présent inaccompli (**dinaa**, **dinga**, etc.).

Le présent accompli des verbes d'état peut également se rendre par une autre série de pronoms qui mettent particulièrement le verbe en valeur :

	singulier	pluriel
1re personne 2e personne 3e personne	dama danga dafa	danu dangeen danañu

On dira, par exemple : **dama feebar**, « je suis malade » (**feebar**, du mot « fièvre », signifie « être malade »), « c'est malade que je suis ».

---

(6) **Sant** ne s'applique qu'au nom de famille, tandis que **tur** peut s'appliquer soit au prénom seul, soit à l'ensemble nom et prénom.

Attention, les mêmes pronoms employés avec un verbe d'action expriment un passé proche. Exemple : **dama dem**, « je suis parti » (il n'y a pas très longtemps).

2) pour les **verbes d'action**, le présent accompli emploie la série de pronoms suivante :

	singulier	pluriel
1re personne 2e personne 3e personne	naa nga na	nanu ngeen nañu

Exemple : **dem naa**, « je pars » (c'est comme si j'étais parti) (7).

On constate que ces pronoms sont ceux du premier type de présent inaccompli mais sans l'auxiliaire **di** qui caractérise précisément l'inaccompli.

Remarquons que le présent accompli, du fait même qu'il se rapporte à une action ou un état achevé, se traduit souvent par un passé français. Ainsi **dem naa** peut, en fonction du contexte, se traduire par « je suis parti », mais il s'agit d'un passé récent.

Le passé

Nous venons de voir deux façons d'exprimer le passé récent des verbes d'action. Nous avons également dit que le wolof n'attache pas la même importance que le français à la notion de temps, préférant souligner que l'action est accomplie ou inaccomplie.

Cependant le wolof dispose d'une forme verbale particulière pour exprimer un fait ou une action qui se situe dans un passé relativement éloigné. C'est ce qu'on peut appeler le **passé « révolu »**.

Contrairement aux formes vues précédemment où le verbe est invariable et où le pronom indique le temps, le mode et la personne du verbe, ce passé « révolu » se forme en adjoignant simplement au verbe le suffixe **-oon**.

La série de pronoms employée avec ce passé est la suivante :

---

(7) Les prénoms de cette série, placés après un adjectif, permettent de former un présent. Exemple : **xiif**, « affamé » donne **xiif naa**, « j'ai faim ».

	singulier	pluriel
1re personne 2e personne 3e personne	naa nga na	nanu ngeen nañu

On dira, par exemple, **demoon nañu**, « ils partirent », « ils sont partis » (il y a longtemps).

Cependant, le suffixe **-oon** peut aussi s'appliquer au verbe avec d'autres pronoms. On dira par exemple : **dama feebaroon**, « j'étais malade » par opposition à **dama feebar**, « je suis malade ». Avec les verbes d'action, on peut aussi dire **dama demoon Ndakaaru**, « je suis parti à Dakar », ce qui a sensiblement le même sens que **dama dem Ndakaaru**. Retenons que le suffixe **-oon** marque toujours la volonté d'exprimer que l'état ou l'action dont on parle est du domaine du passé.

Le futur

Il se forme avec la série suivante de pronoms, placés avant le verbe :

	singulier	pluriel
1re personne 2e personne 3e personne	danaa danga dana	dananu dangeen danañu

Exemple : **dinga dem**, « tu partiras ».

On remarque cependant que le présent inaccompli wolof peut s'appliquer à une action qui va bientôt se réaliser, ce qui peut se traduire par un futur français :

dinga dem, « tu vas partir », « tu pars », « tu es sur le point de partir », « tu partiras bientôt »

danga dem, « tu partiras » (plus tard).

On constate que le changement de **i** en **a** du pronom correspond, comme pour les articles et les démonstratifs, à l'idée d'un plus grand éloignement, cette fois-ci dans le temps.

Le wolof dispose encore d'autres moyens pour exprimer un futur proche ; il peut appliquer à un verbe d'action le suffixe **-y** de l'inaccompli aux pronoms du présent accompli, ce qui semble vraiment paradoxal. On obtient :

damay dem, « je suis sur le point d'aller »

Avec les verbes d'état, cette tournure prend un autre sens : **damay feebar** signifie « je tombe (toujours) malade » (sous entendu « si je mange trop » ou sous toute autre condition).

Vous rencontrerez souvent une variante du futur obtenue en ajoutant **-i** au verbe : **danga demi** équivaut à **danga dem**, « tu partiras« .

Cependant, avec les verbes d'état tels que **feebar**, « être malade », **dana feebari** apporte la nuance particulière « il sera malade un jour ou l'autre ».

L'impératif

Pour former l'impératif singulier, on ajoute au verbe le suffixe **-al** ou **-ël** s'il se termine par une consonne et seulement **-l** s'il se termine par une voyelle. On aura ainsi :

demal, « pars » (du verbe **dem**, « partir »)
jogël, « lève-toi » (du verbe **jog**, « se lever »)
ubbil, « ouvre » (du verbe **ubbi**, « ouvrir »).

Le choix entre **-al** et **-ël** dépend de la voyelle du verbe, selon les principes de l'harmonie vocalique déjà mentionnée à propos de la troisième de l'adjectif possessif singulier. Compte des nombreuses exceptions, le plus simple est de retenir l'impératif des verbes qu'on a besoin de connaître.

Au pluriel, l'impératif se forme toujours avec le suffixe **-leen** :

demleen, « partez »
jogleen, « levez-vous »
ubbileen, « ouvrez ».

Il faut noter que si l'impératif est suivi d'un pronom personnel complément, on n'emploie pas les suffixes **-l**, **-al** ou **-ël** :

ubbi ko, « ouvre-le »
jotali ma, « donne-moi ».

Par exception, le mot **kaay** est un impératif irrégulier isolé qui signifie « viens » ; au pluriel il devient **kaayleen**, « venez ».

Des ordres comme « viens manger » se forment en wolof comme en français, en faisant l'impératif par le verbe complément : **kaay lekk**.

Une autre forme d'impératif, plus rare, s'applique à une recommandation ou une consigne permanente. Cet « impératif d'habitude » se forme avec l'auxiliaire **deel** (ou **dil**) au singulier, **deeleen** (ou **dileen**) au pluriel. On dira par exemple :

dil lekk, « mange » (« prends l'habitude de manger », « tu dois manger régulièrement »).

A noter que le « vocatif », qui va souvent de pair avec un impératif, se forme en allongeant la voyelle finale du nom de la personne que l'on appelle ou bien en remplaçant cette voyelle par un **ee** long.

Exemples : « Samba ! », **Sambaa !**
« Ami ! », **Amee !**

Une forme particulière de l'impératif wolof est appelé injonctif ou obligatif par les linguistes. Elle permet de rendre certains subjonctifs français (« qu'il parte ! ») ou l'impératif de la première personne du pluriel (« partons »). Elle se forme avec la série de pronoms du présent accompli, mais ces pronoms se placent alors **avant** le verbe et non après.

Ces pronoms sont, rappelons :

	singulier	pluriel
1re personne 2e personne 3e personne	naa nga na	nanu ngeen nañu

Exemple :
na dem, « qu'il parte »
nanu dem, « partons ».

Passif et réfléchi

Ces deux formes verbales se rendent grâce à des procédés de dérivation par suffixes que nous présenterons dans le chapitre sur le vocabulaire.

Le wolof n'emploie pas volontiers la forme passive. Efforcez-vous donc, autant que faire se peut, de garder une tournure active (« Diop ferme la porte » au lieu de « la porte est fermée par Diop »).

○ *Formes négatives du verbe*

Les formes négatives sont moins nombreuses que les formes affirmatives vues précédemment. Il n'en existe pas véritablement pour les temps « inaccomplis » ni pour la forme progressive.

Toutes les formes négatives comportent la voyelle **u**, qu'elle soit placée en suffixe directement après le verbe ou qu'on la trouve après le **d-** des pronoms composés. Plus précisément, les deux constructions sont les suivantes :

1) Les pronoms composés négatifs avec **d-** sont :

	singulier	pluriel
1re personne	duma	dunu
2e personne	doo	du ngeen
3e personne	du	duñu

Employés devant un nom, ils expriment le verbe « être » au présent négatif :

duma jangalekat, « je ne suis pas instituteur »
du fii, « ce n'est pas ici »
doo sama baay, « tu n'es pas mon père ».

Employés devant un verbe, ils expriment un futur négatif ou une action habituelle négative :

ëllëg, duñu dem ja bi, « demain, ils n'iront pas au marché » (**ja**, « marché »)
duma tux, « je ne fume pas » (c'est-à-dire jamais).

Dans cette dernière construction, le pronom négatif peu prendre le suffixe **-y** de l'inaccompli :

dumay tux, « je ne fume pas », « je n'ai pas l'habitude de fumer ».

2) L'usage de **-u** en suffixe du verbe conduit, avec le verbe **dem**, « aller », pris comme exemple, aux formes suivantes :

	singulier	pluriel
1re personne	demu ma	demu nu
2e personne	demuloo	demu leen
3e personne	demul	demu ñu

Ces formes signifient : « je ne suis pas allé », « tu n'es pas allé », etc., sans que le passé soit nettement marqué, comme dans « je ne suis pas encore allé ». Si en revanche on veut insister sur le passé, on ajoutera le suffixe **-woon** du passé. On peut aussi bien dire **demuwoon ma** que **demu mawoon** pour « je n'étais pas parti ». La deuxième forme est cependant plus fréquente.

Les deux constructions précédentes n'épuisent pas les

diverses possibilités du wolof d'exprimer le négatif. On rencontre aussi des formes telles que :

maa dul dem, « c'est moi qui ne vais pas »

dama dul dem, « je ne vais pas... », sous entendu « pour faire quelque chose »

dama sonnul, « je ne suis pas fatigué » où c'est le verbe-adjectif **sonn** qui prend la désinence **-ul**.

etc...

L'impératif négatif se forme avec l'auxiliaire **bu** qui prend le suffixe **-l** à l'impératif singulier et **-leen** à l'impératif pluriel. Cet auxiliaire se place devant le verbe :

bul jox, « ne donne pas » (**jox**, « donner »)

buleen jox, « ne donnez pas ».

Cependant, si l'impératif singulier a un pronom complément d'objet, ce dernier se place entre l'auxiliaire **bu**, qui perd son **-l** dans ce cas, et le verbe :

bu ko jox, « ne lui donne pas »

bu ko ko jox, « ne le lui donne pas » (« le » et « lui » se disent tous deux **ko**).

□ *Remarques sur le système verbal wolof*

○ *Le rôle des pronoms*

Nous avons vu qu'à l'exception de rares suffixes (**-oon** pour le passé, **-u** pour le négatif, **-l** pour l'impératif, **-ee** pour le conditionnel...) le verbe wolof reste invariable, toutes les nuances de personnes, de temps, de mode et d'autres encore étant portées par le pronom.

Cependant ce jeu extrêmement complexe des pronoms suit une certaine logique. En réalité, les pronoms de base que sont les pronoms isolés se combinent avec des « auxiliaires », qui sont plus des particules que des verbes, pour constituer les pronoms des diverses formes verbales.

Ces auxiliaires sont : **a, angi, da, di, la, na** et **bu**. Les deux premiers se placent après le pronom, les cinq autres avant.

La combinaison de l'auxiliaire et du pronom entraîne des modifications phonétiques et des contradictions qui empêchent de reconnaître toujours facilement les deux éléments.

1) L'auxiliaire **a** qui se place après le pronom donne : **maa** (man+a), **yaa** (yow+a), **moo** (moom+a), **noo** (nu+a), **yeen** (sans apparition de **a**) et **ñoo** (ñoom+a).

Ces nouveaux pronoms correspondent aux expressions françaises « c'est moi qui... », « c'est toi qui... », etc. Employés avant le verbe, ils mettent en valeur le sujet, c'est-à-dire le pronom lui-même.

Exemple : **maa dem**, « c'est moi qui pars » (et pas un autre).

2) L'auxiliaire **angi** intervient dans les pronoms composés du « présent déclaratif » : **mangi, yangi, mungi, nungi, yeen angi, ñungi** avec le sens de « me voici qui... », « te voici qui... », etc. Ainsi **mangi dem** a-t-il le sens de « me voici qui pars », généralement employé pour dire « au revoir ».

3) L'auxiliaire **da** forme deux séries de pronoms, ceux du présent « accompli » **(dama, danga, dafa, danu, dangeen, danañu)** et ceux du futur **(danaa, danga, dana, dananu, dangeen, danañu)**. Ces deux séries ont 3 pronoms en commun, ce qui peut conduire à des confusions que seul le contexte permet d'éviter. On peut interpréter le sens de **da** comme marquant l'éloignement de l'action dans l'avenir (futur) ou dans le passé (état déjà acquis ou action accomplie).

4) L'auxiliaire **di** se combine avec les pronoms personnels pour exprimer que l'action n'est pas encore accomplie. Il forme la série des pronoms du présent inaccompli : **dinaa, dinga, dina, dinanu, dingeen, dinañu**.

Les deux auxiliaires **di** et **da** mettent l'accent sur le verbe, considéré comme le mot le plus important de la proposition.

5) L'auxiliaire **la** correspond sensiblement au verbe « être » français. On dira par exemple : **Dakar dëkk la**, « Dakar est une ville » (**dëkk**, « ville »). Considéré comme auxiliaire, **la** forme les pronoms du présent accompli **(laa, nga, la, lanu, ngeen, lañu)**. Par adjonction du suffixe **y** de l'inaccompli, on obtient une autre série de pronoms pour l'inaccompli, employée pour mettre l'objet en valeur (et non le sujet comme avec **dinaa**, **dinga**, etc.).

6) L'auxiliaire **na**, qu'il ne faut confondre avec le pronom homonyme, exprime l'obligation. La série **naa**, **nga**, **na**, **nanu**, **ngeen**, **nañu**, se place **avant** le verbe, ce qui la distingue de la série identique du présent accompli.

7) L'auxiliaire **bu** ne s'emploie que pour les formes négatives, mais pas pour toutes. C'est la lettre **u** qui est caractéristique du négatif ; combinée avec l'auxiliaire **di**, elle donne **du**.

○ *Différences entre les systèmes verbaux du wolof et du français*

A part le rôle très spécifique du pronom en wolof, vous avez pu constater l'impossibilité d'exprimer un temps et un mode d'un verbe français par un équivalent wolof unique. Il n'y a pas de correspondance précise entre les systèmes verbaux des deux langues.

Ceci rend particulièrement difficile l'exposé de la grammaire wolof pour un public français non spécialiste. Les linguistes décrivent le verbe wolof en se forgeant un vocabulaire grammatical particulier ; ils distinguent par exemple cinq sous-modes de l'indicatif qu'ils appellent énonciatif, verbatif, démonstratif, subjectif ou objectif.

Nous n'avons pas voulu rebuter le lecteur par l'emploi de termes dont il n'est pas familier. En contrepartie de la simplicité des termes utilisés dans le livre, qui sont ceux de la grammaire française élémentaire, on perd fatalement un peu de rigueur et de précision. Le président Léopold Sédar Senghor, éminent spécialiste de grammaire, dit avoir recensé en wolof douze formes verbales distinctes qui se rendent par un imparfait français. En réalité, le wolof n'est pas plus difficile que le français, mais il fonctionne autrement : au lieu d'attacher une importance majeure à la chronologie de l'action (présent, passé simple, imparfait, plus-que-parfait...), le wolof privilégie d'autres aspects de l'action (sa durée, son intensité, etc.).

L'étude approfondie de la langue vous réservera donc d'autres découvertes intéressantes...

□ *L'interrogation*

Comme en français, l'interrogation se marque souvent par une simple intonation : **dina dem**, « il partira » ; **dina dem ?**, « partira-t-il ? », « il partira ? ».

En wolof, l'interrogation ne se marque jamais par l'inversion du verbe et du sujet (« partira-t-il ? ») ; en revanche, il existe de nombreux mots qui introduisent une interrogation ; nous les appellerons « interrogatifs ».

1) Une première série d'interrogatifs se forme avec la consonne de l'article de classe suivi de **-an**. L'interrogatif en question correspond au français « quel ». Cet interrogatif se place, comme l'article, après le nom, si l'interrogation se limite à ces deux mots. En revanche, si la phrase est plus complexe, l'ordre peut être inverse, comme en français.

Exemples :

nit kan ?, « quelle personne ? » (**nit ki**, « la personne »)
mburu man ?, « quel pain ? » (**mburu mi**, « le pain »)
xale ban ?, « quel enfant ? »
man mburu ngam ?, « quel pain as-tu ? » (**ngam** = **nga am**, « tu as »)
ban xale la indi ?, « quel enfant a-t-il emmené ? »

goor gan moo dem ?, « quel homme est parti ? »
nit ñan nga wax ?, « de quels gens parles-tu ? » (**nit ñi**, « les gens »).

2) Il existe également une série de pronoms interrogatifs qui traduisent les équivalents français :
« qui... ? », **ku/kan... ?**
« lequel... ? », **bu/ban... ?**
« que... ? », « quoi... ? », **lu/lan... ?**
« où... ? », **fu/fañ... ?** (8).

On voit que chaque pronom interrogatif wolof est double : la forme en **u** est la plus fréquente, celle en **an** marque une certaine insistance.

Exemples :
kan moo dem ?, « qui est parti ? »
ku mu, « qui est-ce ? »
lu mu wax ?, « qu'a-t-il dit ? »
fu mburu mu nekk ?, « où se trouve le pain ? ».

3) Il existe enfin, comme en français, des adverbes interrogatifs. Le wolof en compte huit, qui se placent toujours en tête de la phrase, ou de la proposition dans une interrogation indirecte.

ndax... ?, « est-ce que... ? » Son emploi est facultatif, sauf dans le discours indirect :
(ndax) dinga seeti sa yaay ?, « est-ce que tu iras voir ta mère ? » (**seeti**, « aller voir » ; **yaay**, « mère »)
dama la laac ndax dinga seeti sa yaay ?, « je te demande si (est-ce que) tu iras voir ta mère ? »

tedu... ?, « n'est-ce pas que... ? » C'est l'équivalent négatif de **ndax**, mais **tedu** ne s'emploie pas dans le discours indirect. Une question posée avec **tedu** suppose que l'action aura lieu, elle appelle une confirmation (9).

mbaa... ?, « j'espère que... ? » s'emploie aussi bien pour des questions directes qu'indirectes. Ex. : **mbaa dinga seeti sa yaay ?**, « tu iras voir ta mère, j'espère ? »

Kañ... ?, « quand... ? » Ex. : **Kañ nga dem**, « quand pars-tu ? »

naka ou **na... ?**, « comment... ? » Ex. : **naka nga def ?** ou **na nga def ?**, « comment allez-vous ? (littéralement : « comment faites-vous ? »)

---

(8) La forme en **f-** permet de construire une série de mots de lieux : **fii**, « ici » ; **fale**, « là-bas » ; **fen**, « nulle part » ; **fena**, « quelque part »...

(9) **Tedu** serait formé de **te**, « et », et de **du**, auxiliaire du négatif. Placé en fin de phrase, **tedu** a le sens de « pourtant ». Ex. : **waxoon naa la ko tedu**, « je te l'avais pourtant dit ».

ñaata... ?, « combien... ? » Ex. : **ñaata lañu laac pur xar mi ?**, « combien ont-ils demandé pour le mouton ? » (**pur** = « pour » ; **xar**, « mouton »)

lutax... ?, « pourquoi... ? » (**lutax** est formé de **lu**, « que », et **tax**, « faire que ») **lutax** se construit avec la série de pronoms : **na** (1re pers. sing.), **nga** (2e sing), **mu** (3e sing.), **nu** (1re pluriel), **ngeen** (2e pl.) et **ñu** (3e pl.) Ex. : **lutax mu dem ?**, « pourquoi est-il parti ? »

ana... ?, « où... ? » se construit avec la même série de pronoms que **lutax**. Avec **ana** on n'emploie pas les particules telles que **la** qui expriment le verbe « être ». Ex. : **ana mu ?**, « où est-il ? » ; **ana sa yaay ?**, « où est ta mère ? »

□ *La phrase*

La phrase wolof est généralement assez simple. Les conjonctions sont moins employées qu'en français et une juxtaposition de propositions principales indépendantes est souvent préférée à un enchaînement de propositions subordonnées.

A noter que le wolof dispose d'une conjonction de coordination particulière pour relier deux verbes (**te**) alors que **ak** (« et ») est réservé pour les autres mots tels que les noms ou les pronoms. En réalité, **ak** est assez proche de la préposition française « avec » : l'on peut dire « toi avec moi » au lieu de « toi et moi » alors qu'il est impossible de dire « il faut manger avec dormir » au lieu de « manger et dormir ».

En ce qui concerne l'ordre des mots dans la phrase, nous avons vu qu'en wolof comme en français l'absence de déclinaisons ou d'un système analogue ne permet pas de « marquer » la fonction grammaticale du nom autrement que par sa position dans la phrase.

En principe, l'ordre des mots est celui du français :

sujet + groupe verbal + compléments.

Exemple :
« la voiture dépasse le train », **oto bi romb na saxaar si**
« le train dépasse la voiture », **saxaar si romb na oto bi**
(**romb**, « dépasser » ; **na**, pronom du présent ; **saxaar**, « train » avec l'article de classe **si**).

Cependant l'ordre des mots en wolof présente quelques particularités que nous rappelons ici :

— « l'article » de classe et l'adjectif épithète sont toujours après le nom ;

— l'adjectif possessif est avant le nom, sauf celui de la 3ᵉ personne du singulier qui est un suffixe ;
— certains pronoms se placent avant le verbe, d'autres après ;
— le complément d'objet peut, selon les formes de conjugaison, se situer avant ou après le verbe.
— dans les nombres ordinaux, qui se placent avant le nom, l'unité des nombres supérieurs à 10 est rejetée après le nom.

Pour achever ce long chapitre sur la grammaire, il nous reste à présenter les propositions subordonnées et leur construction.

○ *Les propositions subordonnées*

Lorsqu'il n'y a pas d'ambiguïté, le wolof construit ses propositions subordonnées sans conjonctions, par simple juxtaposition.

Exemple :

wax ko mu jog, « dis-lui qu'il se lève » (**wax ko** signifie « dis-lui » ; **mu** est le pronom « il » ; **jog** est le verbe « se lever »).

Toutefois il existe, comme en français, des conjonctions qui introduisent les propositions subordonnées. En voici quelques exemples.

Les propositions conditionnelles

« Si » se traduit en wolof par **su**. Dans une proposition introduite par **su**, le verbe prend le suffixe **-ee**, sauf s'il a déjà un autre suffixe comme celui du passé (**-oon**) ou du négatif (**-u**). On dira, par exemple :

su ma demee, « si je pars »
su ma demoon, « si j'étais parti »
su ma demul, « si je ne pars pas »
su waree dem, « s'il doit partir » (**war** est le verbe « devoir »).

Les propositions relatives

C'est l'article de classe qui sert de relatif. Il suffit de modifier sa voyelle **i** ou **a** en **u**.

Exemple : **saxaar su këppu**, « le train qui déraille » (**saxaar si**, « le train » ; **këpp**, « renverser » ; **këppu**, « être renversé ».

L'interrogation indirecte

L'interrogation indirecte se construit simplement selon les modèles suivants :

« demande qui est là », **laajal ku nekk foofu**

« dis-moi ce que tu fais », **wax ma li ngay def**

« montre-moi où il habite », **wann ma fi mu dëkk**

« demande à Fall comment il l'a fait », **laajal Faal ni mu ko defe**.

On constate que l'interrogation indirecte est introduite par **ki** (« qui »), **li** (« ce que »), **fi** (« où »), **ni** (« comment »). Ces mots sont, en quelque sorte, la forme en **i** des pronoms interrogatifs que nous avons vu précédemment.

Les propositions circonstancielles

Les propositions circonstancielles de **temps**, introduites en français par « quand » ou « lorsque », le sont en wolof par **bi**, **ba** ou **bu**.

Bi marque une certaine proximité dans le temps, **ba** un plus grand éloignement et **bu** un caractère plus général.

Exemples :

« quand je t'ai vu ce matin, j'étais fatigué », **bi ma la gise ci subë, dama sonnoon**.

« quand j'étais en France, j'étais professeur », **ba ma nekke Tugël, jangalekat laawoon.**

« quand il arrive, je m'en vais », **bu ñëwee, ma dem**.

Dans la dernière phrase, le verbe **ñëw** a le suffixe **-ee** car le sens est celui d'une proposition conditionnelle. Dans les deux premières phrases, les suffixes **-e** de **gise** et **nekke** sont ceux d'une dérivation verbale que nous verrons plus loin ; ces suffixes précisent l'action.

Les autres propositions circonstancielles se construisent selon les procédés analogues qui font appel à ce que nous pouvons appeler des « relatifs ».

Par exemple, pour les propositions circonstancielles de lieu, on pourra dire :

Kër gimu dëkk, « la maison où il habite » (**kër gi**, « la maison » ; **dëkk**, « habiter »)

berëb bamu jëm, « l'endroit où il va » (**berëb**, « endroit » ; **jëm**, « aller »)

danaa dellu reew mima judoo, « je retournerai au pays où je suis né (**dellu**, « retourner » ; **reew**, « pays » ; **judoo**, « être né »).

Dans ces phrases, on constate que les « relatifs » **gumu**,

bamu, **mima**, sont formés de la consonne de l'article de classe du nom (**g**, **b** ou **m**) affectée de la voyelle **u** s'il s'agit d'une notion générale, **a** pour marquer l'éloignement dans le temps ou l'espace ou **i** pour l'idée de rapprochement. Ces « relatifs » sont complétés par **mu** qui marque la troisième personne ou **ma**, caractéristique de la première (cf. les « présentatifs » **ma**ngi ou **mu**ngi).

En revanche, pour marquer la cause, la construction sera plus proche de celle du français et l'on fera usage d'une véritable conjonction.

Exemple : « ils l'ont mis à la porte parce qu'il ne venait pas au travail ».

daq nanu ko ndaxte ligeeysiwul (**ndaxte** est la conjonction « parce que » ; **daq** signifie « mettre à la porte » ; **ligeeysi**, « aller au travail », est mis au négatif par le suffixe **wul**).

Retenons de ces divers exemples que la construction de la phrase wolof, pas plus que sa grammaire, n'est l'exact décalque du français. L'originalité de la langue réservera encore bien des surprises au fur et à mesure de l'approfondissement de son étude. Un nombre encore trop restreint de linguistes s'est consacré à l'analyse de cette langue et encore moins à sa présentation synthétique. Pour un ouvrage d'initiation comme celui-ci, il n'y a que moindre mal, mais le lecteur doit garder présent à l'esprit que le wolof n'en est pas encore au stade du français en ce qui concerne la précision des concepts grammaticaux ou plutôt leur formalisation.

REMARQUES SUR L'ORTHOGRAPHE ET LES FORMES CONTRACTÉES

□ *Orthographe*

Bien que le Sénégal soit l'un des pays d'Afrique les plus avancés dans le domaine linguistique et particulièrement dans celui de la fixation d'une orthographe officielle des langues nationales, cette situation est encore trop récente pour être défintivement figée.

L'orthographe du wolof étant phonétique, on trouve assez naturellement des mots écrits différemment selon leur prononciation dialectale. Ainsi l'adjectif possessif « mon » est **suma** à Dakar, **sama** dans l'intérieur et **saam** à Saint Louis. D'autre part, la finale des mots wolofs n'étant pas accentuée, il y a parfois une imprécision sur la voyelle finale ; par exemple, « matin » peut s'écrire **subë** ou **suba**. Dans certains cas, la finale peut disparaître ; on peut trouver ainsi la phrase « il a envie de partir » sous les deux formes **mu bëggë dem** ou **mu bëgg dem**.

Il faut garder présent à l'esprit l'existence de ces variantes lorsqu'on cherche un mot dans le lexique où seule l'une des formes est citée.

□ *Formes contractées*

La prononciation courante procède à certaines contractions comme en français et certains auteurs les répercutent dans l'écriture. Ainsi **moom ak...**, « lui et... », se prononce souvent et s'écrit parfois **mook**.

Nous nous efforcerons de présenter dans le lexique les formes contractées les plus courantes, mais le lecteur ne sera jamais à l'abri de fantaisies orthographiques que le wolof tolère bien plus facilement que le français.

LE VOCABULAIRE

Comme toutes les langues, le wolof élargit et diversifie son vocabulaire en formant des mots nouveaux par dérivation ou bien en empruntant des mots étrangers. Pour bien comprendre le génie de la langue, il est important de connaître ces deux procédés d'enrichissement du vocabulaire.

□ *La formation des mots par dérivation*

Le wolof dispose de plusieurs procédés de dérivation. Il peut faire usage de suffixes comme en français (par exemple : schématiser, schématique, schématisation à partir de schéma) mais il peut aussi redoubler le radical ou changer la consonne initiale du nom ou encore « nasaliser » cette consonne, c'est-à-dire la faire précéder d'un *n*.

La dérivation par suffixes est la plus répandue ; elle s'applique aussi bien à des verbes qu'à des noms.

○ *La dérivation verbale*

Il existe près d'une trentaine de suffixes pour former des dérivés verbaux. Ils modifient le sens du verbe, parfois de façon importante. Les verbes ne peuvent pas prendre n'importe quel suffixe. Seul l'usage permet de les employer correctement. Les suffixes que nous présentons ici par ordre alphabétique sont les plus importants, ils constituent des exemples parmi les plus courants ou les plus caractéristiques :

-aale indique la simultanéité de l'action.

Exemple : **dem**, « partir » devient **demaale**, « aller en même temps » **wax**, « parler » donne **waxaale**, « discuter » d'où « marchander ».

-aati ou — **aat** marque le renouvellement de l'action.
Exemple : **dem**, « partir » donne **demaat**, « repartir ».
La forme négative en — **aatul** ou — **atul** est fréquente avec le sens de « ne plus faire... » Exemple : **dematul**, « il ne part plus ».

-adi est un suffixe de privation. Exemple : **xamadi**, « ignorer » (**xam**, « savoir »).

-al, ou **-tal** exprime le causatif ou le factitif, ce qui correspond à « faire faire l'action ».
Exemple : **daw**, « courir » donne **dawal**, « conduire une auto », c'est la « faire courir » ; **factal**, « faire soigner » de **fac**, « soigner ».

-andoo indique que l'action est faite simultanément par plusieurs personnes.
Exemple : **demandoo**, « aller ensemble », « accompagner ».

-ante, ou **-nte** après une voyelle, marque la réciprocité.
Exemple : **demante**, « aller l'un chez l'autre », « se fréquenter » ; **waxante**, « dialoguer », de **wax**, « parler ».

-arni exprime le contraire de l'action.
Exemple : **fatt**, « boucher » donne **fattarni**, « déboucher ».

-e forme des verbes dont l'action emploie un instrument.
Exemple : **dagg**, signifie « couper » dans un sens général, tandis que **dagge**, précise que c'est avec un instrument. Ainsi : **nanga ko dagge ak paaka**, « tu le coupes avec un couteau ».

-i rend la notion « d'aller faire quelque chose ».
Ainsi **lekk**, « manger » donne **lekki**, « aller manger ». Cette forme est très employée.

-loo est un autre suffixe formant le factitif.
Exemple : **wax**, « parler » donne **waxloo**, « faire parler ».

-si rend la notion de « venir faire... ».
Exemple : **lekksi**, « venir manger ».

-u est la marque du réfléchi : l'action est faite pour le sujet.
Exemple : **wat**, « raser » donne **watu**, « se raser ». Un verbe réfléchi peut même se former à partir d'un nom, comme dans le cas amusant de **dimaans**, « dimanche » qui donne **dimaasu**, « s'endimancher ».

○ *La dérivation des noms*

Le wolof obtient de nouveaux noms par quatre procédés principaux :

1. en redoublant certains verbes, on forme des noms qui correspondent sensiblement à certains infinitifs de verbes français pris comme noms (Exemple : « manger », « le manger » ; « savoir », « le savoir » etc.)

   Ainsi **xam** « savoir » donne **xam-xam**, « science » ; **dagg**, « couper » donne **dagg-dagg**, « coupure » ; **bëgg**, « désirer » donne **bëgg-bëgg**, « désir ».

   Parfois le redoublement s'applique à un nom ou à un adverbe qui prend un sens différent :

   xew, « fête », donne **xew-xew**, « événement » ; **leegi**, « maintenant », donne **leeg-leeg**, « de temps en temps », etc.

2. en **nasalisant** la consonne initiale du mot. Par exemple, de **goor**, « l'homme », on tire **ngoor**, « virilité » (1) ; de **dem**, « partir », **ndem**, « départ » et de **jang**, « étudier », on tire **njang** « étude ».

   Aujourd'hui, la nasalisation n'est pas toujours perceptible à l'oreille, ce qui revient à dire que le mot initial prend un sens plus large : **jang** signifie aussi bien « étudier » qu'« étude ».

   La nasalisation permet également de former des diminutifs ; dans ce cas l'article de classe devient **si.** Exemple : **gom**, « gomme » devient **ngom si**, « la petite gomme ».

3. par adjonction d'un **suffixe**. Cette forme de dérivation est très féconde. Les principaux suffixes sont les suivants :

-aay sert à former des mots abstraits.
Exemple : **rafetaay**, « beauté », de **rafet**, « beau ».

-kat s'emploie pour les professions.
Exemple : **togg**, « faire la cuisine » et **togkat**, « cuisinier » ; **ligeey**, « travail » et **ligeeykat**, « travailleur » ; **bind**, « écrire » et **bindkat**, « écrivain » ; **balekat**, « balayeur » ; **futbalkat**, « footballeur ».

-in indique la façon de faire.
Exemple : **def**, « faire », donne **defin**, « façon de faire » ; **wax**, « parler », donne **waxin**, « façon de parler », « accent ».

---

(1) Le mot est différent de N'gor, nom d'une plage de Dakar. Il peut signifier aussi courage, persévérance, etc.

-it marque un résidu, un fractionnement.
Exemple : **wecci**, « changer » donne **weccit**, « monnaie ».

-koo forme des substantifs.
Ainsi **wecci**, « changer » donne **weccikoo**, « le change ».

-ukaay s'ajoute à des verbes pour former des noms qui permettent l'action, soit un instrument, soit un lieu.
Exemple : de **fo**, « jouer », on tire **fowukaay**, « jouet » ou bien « lieu où l'on joue » ; **lekk**, « manger » donne **lekkukaay**, « restaurant ».

4. la formation de **mots composés.** Il ne s'agit pas tant de mots nouveaux que d'expressions créées par association de deux mots. Exemples : de **ñuul**, « noir », et **biir**, « ventre », on tire **ñuulbiir**, « méchant » de **boroom**, « maître », et divers autres mots on tire : **boroom taksi**, « chauffeur de taxi » ; **borom kër**, « maître de maison » ; **boroom taabal**, « vendeur des quatres-saisons » (« maitre de la table ») ; **boroom kaddu**, « orateur » (« maître de la parole ») ; **boroom keriñ**, « marchand de charbon de bois » (« maître du charbon de bois »).

□ *Les emprunts de mots étrangers*

Le wolof a sûrement emprunté jadis une part de son vocabulaire à des langues africaines voisines. Ces mots sont désormais « wolofisés ». En revanche, un stock important de mots est d'origine plus récente. Leur écrasante majorité provient de l'arabe ou du français.

Les mots arabes comprennent l'essentiel du vocabulaire religieux, les noms de cinq jours de la semaine et d'assez nombreux autres mots parmi lesquels :

aada, la coutume ; **adduna**, le monde ; **alkaati**, police (de l'arabe **qadi**, juge) ; **amaana**, c'est-à-dire ; **asamaan**, ciel, temps (qu'il fait) ; **attaaya**, thé ; **daara**, école coranique ; **jamano**, temps, époque ; **taalibe**, disciple ; **tubaab**, européen (de **toubib**, médecin) ; **suukar**, sucre etc.

Pour les arabisants, notez que le خ arabe est toujours transcrit par **x** (**xalif**, calife...), tandis que le ق (qof) l'est tantôt par **x** et tantôt par **k.**

Les mots français sont généralement des emprunts récents et comprennent la quasi-totalité du vocabulaire technique. La prononciation locale et l'orthographe phonétique les rendent parfois difficiles à reconnaître. Il est amusant d'en donner une liste très partielle, mais la plupart des Sénégalais cultivés emploient le mot français sans aucune déformation.

afeer, affaires (employé aussi comme pronom possessif) ; **almet**, allumettes ; **are**, arrêt ; **asaans**, agence ; **bale**, balais ; **butig**, boutique ; **gereew**, grève ; **isin**, usine ; **kiltiir**, culture, civilisation ; **litkoloñ**, eau de Cologne, parfum ; **marse**, marché ; **paase**, repasser (du linge) ; **pare**, être prêt ; **pombiteer**, pomme de terre ; **poobar**, poivre ; **rajo**, radio ; **robine**, fontaine publique ; **sarbet**, serviette ; **seef**, chef ; **seer**, cher (prix) ; **surnalist**, journalist ; **tarde**, être en retard ; **taybaas**, à taille basse ; **wisit**, visite médicale...

Plus difficile à reconnaître est le mot **dëwlin**, « huile », simple déformation du français « de l'huile ». En revanche, de nombreux mots français sont facilement identifiables mais ont pris un sens différent en wolof :

bol est une « cuvette ».
beñwaar (« baignoire ») est une « bassine ».
duus (« douche ») désigne les W-C.
demerde a le sens, non vulgaire, de « se débrouiller ».
kondiir (« conduire ») a gardé son sens français mais désigne aussi des « égouts à ciel ouvert » (« conduit »).

Il est clair que dans un pays où le français est langue officielle, certaines des déformations orthographiques ci-dessus répondent à la volonté un peu abstraite des linguistes de « wolofiser » des mots que la plupart des Sénégalais comprennent mieux avec l'orthographe originelle française. Il faut seulement savoir qu'un courant non négligeable d'intellectuels soutient cette forme curieuse de « décolonisation culturelle ».

Rappelons qu'à l'inverse le wolof n'a donné que peu de mots au français : à part quelques spécialités culinaires ou noms de poissons que connaissent tous les Français du Sénégal (voir le lexique et la partie culturelle), on peut citer le boubou (**mbubb** en wolof), l'argot **bougnoul (bu ñuul**, « qui est noir ») et peut-être gorille (plus ou moins directement dérivé de **golo**, singe). En tout cas, le fameux baobab, très fréquent au Sénégal, a vraisemblablement une étymologie arabe : « bu hibab » qui signifie « qui a des graines ».

CONVERSATION COURANTE

□ *Salutations*

Cela fait toujours plaisir à un Sénégalais de s'entendre le saluer en wolof : « **Na nga def ?** ». C'est la formule la plus fréquente pour entrer en contact ; elle signifie « comment allez-vous ? », littéralement : « Comment faites-vous ? ».

Mais on ne s'adresse pas à une personne qu'on connaît à peine comme à une personne familière. Aussi, en toute rigueur, ne faudrait-il jamais lancer **na nga def** à la première personne qu'on rencontre. Pour aborder quelqu'un dans la rue, il vaut mieux commencer par **baal-ma** (« pardon ») suivi du mot adéquat :

goor gi, « monsieur » (litt. : « l'homme »).
sama jigeen, « madame ».
sama cammiñ, « mon frère » (terme qui n'est employé que par les femmes).
rakk, « jeune frère ou sœur ».
mag, « frère ou sœur aîné » (les deux termes de **rakk** et **mag** ne sont pas seulement des termes de parenté mais aussi des expressions de politesse qui s'appliquent en fonction de critères d'âge).

Ce n'est qu'après ce premier salut qu'on dit **na nga def**. Heureusement les Sénégalais sont très tolérants quand ils entendent un étranger faire une faute et n'en tiennent aucun compte, cela les amuse plutôt.
En revanche, vous pouvez toujours aborder quelqu'un par la salutation empruntée à l'arabe **as salaamu alaykum** (« la paix avec vous ») ou son équivalent wolof **jamm ngaam** « as-tu la paix » (**jamm**, « paix » ; **ngaam** = **nga am**, « tu

as »). Avec des variantes, ces formules pour souhaiter la paix se retrouvent dans tous les pays de culture islamique. La réponse à **as salaam alaykum** est **mualaykum as salaam**, « et avec vous la paix ».

On peut alors échanger une longue série de « salamalecs » où apparaissent quelques-unes des expressions suivantes :
jamm nga fanaane, « as-tu passé une bonne nuit ? » (litt. : « en paix tu as passé la nuit »).
jamm nga yendu, « as-tu passé une bonne journée ? » (**yendu**, « passer la journée »).

On répond, par exemple :
jamm rekk, imdillah, « la paix seulement, gloire à Dieu » (**rekk** signifie « seulement » ; **imdillah**, de l'arabe « al hamdu'llah » est « la louange de Dieu »).

L'équivalent wolof est :
jamm rekk, mangi sant Yalla, « la paix seulement, je remercie Dieu ».

Il est toujours recommandé de demander des nouvelles de la famille, en disant par exemple :
ana sa waa kër, « et la famille ? » (litt. : « où tes gens de maison »)
ou bien :
ana xale ya ? « comment vont les enfants ? » (litt. : « où sont les enfants ?).
naka xale ya ?, « comment vont les enfants ? » (« comment les enfants »).
naka seriñ bi ?, « comment va votre mari ? » (mot à mot : « comment le maître ? »).
naka alaaji bi ?, « comment va votre mari ? » (**alaaji**, de : l'arabe « hadji » titre donné à celui qui a fait le pélerinage.
naka sa jëkër ?, « comment (va) ton mari ? »
naka sa jabar ?, « comment (va) ta femme ? »

On peut aussi entendre :
maa kenn tëddul ?, « est-ce que personne n'est couché ? »

A ces diverses questions, la réponse la plus simple est du type : **ñunga fa**, littéralement « Il sont là-bas » c'est-à-dire que les personnes dont on a demandé des nouvelles sont chez elles, à la maison. Cette réponse s'accorde avec la personne considérée ; on ajoute aussi fréquemment **rekk**, « seulement », avec le sens de « il n'y a pas de problème ». De plus, si la personne est à proximité, par exemple à l'intérieur de la maison devant laquelle on parle, le **a** qui marque l'éloignement est remplacé par **i** : **ñungi fi rekk**, « ils sont ici seulement ». En particulier, la réponse à **na nga def ?** (qui se dit aussi **naka nga def**) est le plus souvent : **mangi fi rekk**, « je suis ici seulement » et non **manga fa rekk** puisque, par définition, celui qui parle ne peut pas être éloigné.

Une formule plus « branchée » pour demander des nouvelles est : **naka nga doxale ?**, « comment tu marches ? » avec pour réponse **nil rekk**, « comme ça, seulement ».

On peut évidemment s'exprimer avec plus de détails : **dama tukki woon**, « j'étais en voyage » (**woon** est la marque du passé, **dama tawatoon** ou **dama feebaroon**, « j'étais malade » **namoon naa la**, « tu m'as manqué » etc.

☐ *Présentations*

Le plus souvent, vous serez présenté par l'intermédiaire d'une tierce personne qui dira, par exemple :

gann la ci dëk bi, « c'est un étranger » (litt. : « c'est un hôte dans la pays »).

Cependant, si vous frappez à une porte, vous pouvez entendre :

kooku ? « qui est-ce ? »
kooku kan la ? « qui est là ? »
yow-a kan ? « qui êtes-vous ? » (litt.: « toi qui ? »)

Vous pouvez répondre :

« C'est moi », **man la** ou plus précisément :
mangi tudd X, « je m'appelle X »
turist la, « je suis touriste »
mangi jangale ci Daare ju mak ja, « j'enseigne à l'Université »
surnalist laa, « je suis journaliste »
dama ñew nemeeku dëk bi, « je suis venu voir le pays » (litt. : « je viens voir pays-le)

☐ *Remerciements*

« Merci » se dit **jërëjëf** ou **jaajëf.** Ces expressions sont invariables.

On utilise aussi d'autres termes de courtoisie pour nuancer les remerciements : **sant** signifie remercier quelqu'un tout en faisant son éloge pour ce qu'il a fait, tandis que **gërëm** a le même sens mais n'est pas forcément lié à un acte dont on a bénéficié. Par exemple, lors d'une cérémonie, un griot peut louer un personnage pour entrer dans ses bonnes grâces et emploiera alors **gërëm**. On dira par exemple : **mangi laa sant**, « je te remercie » ou **mangi leen di gërëm**, « je vous remercie », à quoi on peut répondre **du dara**, « ce n'est rien ».

Pour un cadeau reçu, on peut dire :
gis naa yobal ba Yal nafi gënë bare, littéralement « j'ai vu le cadeau, que Dieu vous le multiplie » ; ou bien encore :
gis naa yobal ba Yal na yokku, « j'ai vu le cadeau, que Dieu fasse qu'il soit multiplié » (**Yal** est l'abréviation de **Yalla**).
gis naa li nga ma defal, « j'ai vu ce que vous avez fait pour moi » (**defal** est le dérivé du verbe **def**, « faire », qui marque que l'action est destinée à quelqu'un).

Notez que les remerciements sont souvent suivis d'un vœu à l'intention du bienfaiteur, par exemple :
yal na la Yalla fay, « que Dieu te récompense ».
Après **jaajëf**, un invité qui prend congé peut ajouter :
ngangi neex na barena, « l'hospitalité a été agréable et nombreuse » (« nombreux » signifie que rien n'a manqué à cette hospitalité).

□ *Excuses*

C'est le terme **baal-ma** vu plus haut qui sert dans les diverses circonstances, pour s'excuser d'une faute, pour avoir causé un dérangement ou même pour interpeller quelqu'un :

baal-ma li ma tarde, « excuse-moi du retard ».
may-ma potu ndox nga baal-ma, « donne-moi un verre d'eau, s'il te plaît ».
Ici **baal-ma** prend le sens de « s'il vous plaît ».
Do ou **dooma** qui exprime une forme interrogative peut aussi signifier « s'il vous plaît » comme dans la phrase :
dooma aal toogu bi, « prête-moi le siège, s'il te plaît » (litt. : « est-ce que tu prêtes siège-le »).

D'autres expressions comme **mën nga** (« peux-tu ») servent à atténuer un style trop direct pour prier quelqu'un de rendre un service.

□ *Adieux*

Pour dire « au revoir » quand on s'en va, il suffit de dire « je m'en vais », **mangi dem**.

Si vous restez et que notre interlocuteur s'en va, vous lui dites : **demal ak jamm**, « pars en paix ».

Dans les deux cas, la réponse est :
jamm ak jamm, « paix et paix ». Cette répétition signifie « la paix de part et d'autre »).

On peut aussi se souhaiter :
yendu leen, « bonne journée » (litt. : « passez la journée », sous-entendu « en paix »).

fanaan leen, « bonne nuit » (litt. : « passez la nuit »).
A ces formules, on répond encore **jamm ak jamm**, puis on peut ajouter :
ba kañ nak ?, « à quand alors ».
ba baneen, « à la prochaine fois ».
Yalla nanu Yalla wanale waat ci jamm, « que Dieu fasse qu'on se retrouve dans la paix ». Dans cette phrase, le premier **Yalla** (« Dieu ») exprime un souhait ; c'est l'équivalent du français « que ». La traduction littérale est donc « que nous Dieu présente encore dans la paix ».

□ *Déplacements*

Dans les villes, seule la recherche de la difficulté peut vous amener à demander votre chemin en wolof, tant l'usage du français est répandu. C'est en brousse que vos connaissances vous seront utiles. Rien ne vous empêche cependant de vous exercer avec un chauffeur de taxi ou un voisin de bus : ils seront agréablement surpris.

Les mots et expressions les plus utiles pour vos déplacements sont les suivants :

« à droite », **sa ndayjoor** (litt. : « ta droite »)
« à gauche », **sa camooñ** (litt. : « ta gauche »)
« continue tout droit », **talalal**
« ici », **fii**
« là », **fe**
« loin », **sore**
« près », **ci wetu** (litt. : « à côté »)
« c'est un peu loin », **xawna sore tuuti** (litt. : « peut-être loin un-peu) »)
« arrête-toi ici », **taxawal fii**
« conduisez-moi à l'aéroport », **yobu-ma aeropoor**
« où est... ? », **fu... nekk ?**
« où est le puits ? », **fu teen bi nekk ?**
« où est le dispensaire ? », **fu dispanseer bi nekk ?**
« où sont les voitures qui vont à Saint-Louis ? », **ana woto yi jëm Ndar ?**
« où y a-t-il un garage ? », **fu am garaas ?** *
« où y a-t-il une pompe à essence ? », **fu esanseri bi nekk ?**
« à quelle distance est... ? », **fumu tollu fi... ?**
« où est l'arrêt d'autobus ? », **fu are bi nekk ?**

A propos des arrêts de bus, ils ne portent pas de noms et l'on doit demander à descendre en indiquant un lieu situé à proximité (cinéma, rue connue, stade...)

---

* Ici am a le sens de se trouver.

« Je descends à l'arrêt suivant », **are bisitop laay wac**
« je descends à Pikine », **Pikin laadi wac**
« veuillez m'appeler un taxi », **dooma woowal taksi**
« je vais à la Sicap », **Sicap laa jëm** ou **mangi jëm Sicap** (la SICAP, société immobilière du Cap-Vert, est un quartier de Dakar)
« c'est ici que je descends », **fii laadi wac**
« laissez-moi descendre », **may-ma ma wac**
« combien de tickets faut-il ? », **ñaata tike laa wara jënd ?**
« combien de temps faut-il d'ici à la Casamance ? », **fii ak Kasamans ñaata wax-tu la ?** (litt. : « ici et la Casamance combien temps est ? »
« quand la voiture part-elle ? », **kañ la woto bi di teddi ?**
« combien faut-il payer ! », **pay gi ñaata la ?** ou **ñaata la nuñ fay**

□ *Hébergement et nourriture*

L'usage du wolof vous sera utile si vous cherchez à vous nourrir ou à passer la nuit dans un village. Le vocabulaire ci-après vous aidera dans ces circonstances :
« où y a-t-il une chambre ? », **fu am nekk ?**
« Y a-t-il une chambre climatisée ? », **ndax am na neek bu nu kilimatise ?**
« avez-vous une bombe contre les insectes ? », **ndax am na flitoks** (« fly-tox ») ?
« où sont le toilettes ? », **fan la wanak wi nekk ?**
« toilettes », **wanak** ou **suturlu** ou **suturë**
« réveillez-moi à 7 heures », **ndax mën ngeen ma yee juroom ñaari waxtu** (7 h peut aussi se dire « à la française » : **setëër**)
« avez-vous du savon ? », **amuleen saabu**
« je resterai une semaine », **bëg naa fi def ayi bes**
« je m'en vais aujourd'hui », **tay laay dem**
« puis-je téléphoner ? », **mën naa telefone ?**
« je voudrais téléphoner », **dama bëgoon telefone**

Pour la nourriture, nous vous recommandons d'essayer les spécialités culinaires sénégalaises.

Le plat national est le tiébou diègne **(ceebu jën)** ; son nom signifie littéralement « riz au poisson ». Le poisson le plus célèbre est le tiof **(coof)**, espèce de mérou très appréciée.

La cuisine sénégalaise fait largement appel au riz et au poisson mais elle est très variée. On consomme aussi beaucoup de couscous **(cere)**, soit comme en Afrique du Nord **(cere Faas**, « couscous de Fès »), soit du couscous de mil. C'est avec ce dernier qu'on prépare le **basi salte** (avec du mouton, **xar**, et une sauce tomate) ou le **cere mbuum** (« couscous aux épinards »).

Un plat plus original mais très épicé **(saf)** est le **yassa**, composé de viande marinée avec beaucoup d'oignons et de citron, servi avec du riz blanc et une sauce pimentée. On trouve aussi du **maafé**, sorte de ragoût de viande ou parfois de poisson, servi avec du riz et une sauce à l'arachide, ainsi que de nombreux plat composés : **ceebu yapp** (« riz à la viande »), **ceebu jaxato** et **ceebu kanje** où peuvent apparaître à la fois de la viande, du poisson et des fruits de mer.

Souvent les Sénégalais prennent un en-cas vers 18 heures auquel ils peuvent convier des amis. On y sert des plats simples à base de riz **(mbaxal, gar, cu, daxin...)** ou de mil **(fonde, laax, cagri...)**. Les plats de mil sont faits à partir de boulettes de poudre de mil appelées **araw.** Le terme de **mbaxal** désigne aussi le repas lui-même.

Dans la journée et en dehors des repas, les Sénégalais consomment souvent des brochettes de viande **(dibi)** cuites sur le trottoir dans des échoppes appelées tout naturellement « dibiteries ».

□ *Les achats*

Si, comme nous vous le conseillons, vous souhaitez faire des achats auprès des petits commerçants des villes ou des villages, la connaissance de quelques expressions de wolof vous sera utile pour ne pas être pris pour un touriste naïf.

En Afrique comme en Asie, le commerce ne se conçoit pas sans le marchandage : c'est une habitude culturelle à laquelle il est bon de se plier.

Voici quelques mots et expressions utiles dans ces circonstances.

« marchander » se dit comme « converser » : **waxaale**, littéralement « parler en même temps » (dérivé du verbe **wax**, « parler »). On dit souvent : **ñu waxtaan ba deggo ci kaddu**, « causons jusqu'à ce que nous arrivions à un accord » (waxtaan, « causer »).

c'est cher », **dafa jafe**

« c'est bon marché », **dafa yomb** (**yomb** signifie aussi « facile »)

« combien coûte ceci ? », **ñaata la kii di jar ? (ñaata**, « combien ; **kii**, « ceci »)

« voulez-vous baisser le prix, c'est trop cher », **doo maka wañil, jafe na lool**

« je ne peux pas donner plus », **lii laa am**

« je ne peux pas dépasser le prix que je t'ai dit », **manuma weesu li ma la wax**

« faites un effort et je vous le vends », **yokal sa loxo, majaay laka** (litt.: « allongez votre main, je vous le vends »)

Pour dire de quelqu'un qu'il est avare, on dit qu'il a « la main coupée » ou « fermée » : **loxo bi dafa dag, loxo bi talliwul.**

Quand on achète une marchandise mesurée au volume ou au poids, le marchandage ne se termine pas forcément par la fixation du prix mais par l'expression **wes** ou **wes ko** qui signifie « ajoutez » (c'est-à-dire : « ajoutez-en encore un peu »). Le vendeur s'empressera toujours d'accepter de vous faire ce cadeau. Vous remarquerez que la balance penche toujours du côté de la marchandise quand vous achetez quelque chose au poids.

Quant aux objets à acheter, vous trouverez au marché (**marse** ou **ja**) ou chez des artisans tous les produits africains typiques :

« tissu teint à la main », **cuub**

« sandales de cuir », **nepe** (**carax** désigne toutes sortes de sandales)

« bonnet de tissu », **maxana** ou **maxane**

divers instruments de musique :

kora, « guitare » africaine montée sur une calebasse

xalam, petite kora

sabar, tama, nënd, qui sont différents tambours dont chacun a son rôle dans un orchestre (« tam-tam » viendrait de **tama**). Il en existe quantité d'autres.

Les bijoux portent le nom général de **takaay** : c'est « ce qu'on attache », du verbe **tak**, « attacher ». « Bracelet » se dit **lam** ; « boucles d'oreille », **jaarronopp** et l'anneau porté à l'orteil **jaarro tank** (« anneau de pied »).

A moins de recherches ethnologiques particulièrement approfondies, vous ne trouverez pas au Sénégal d'autres masques que ceux produits en série pour les touristes. On emploie d'ailleurs le mot **mask**. La vannerie n'a pas non plus de nom spécial, on dit « pannier ».

Le foulard de tête, élégamment porté par les femmes, se nomme **njumbël**. Voici quelques exemples de phrases dont vous pourrez vous inspirer pour ne pas paraître « fraîchement débarqué » :

« avez-vous des bracelets en argent ? », **am nga lamu xaalis ?**

« avez-vous des boucles d'oreilles en or ? » **am nga jaaro-noppu wurus ?**

« c'est petit », **dafa tuuti**

« c'est trop grand », **dafa gud lool**

« c'est un peu étroit », **dafa xaw xat**

« c'est un peu large », **dafa xaw yaa**

« c'est joli », **rafet na**

« vendez-vous des habits teints ? », **dinga jaay cuup ?**

Pour vos achats alimentaires, nous vous conseillons d'essayer les fruits et légumes du pays :

« manioc », **ñambi** ou **pulloox**
« mil », **dugub**
« millet », **soño**
« patate douce », **pataas**
« papaye », **papaya**
« orange », **sorans** (même mot déformé)
« noix de cola », **guro**

Quand il s'agira de régler vos achats, vous pourrez montrer vos connaissances de wolof. Retenez cependant les particularités suivantes :

— les pièces d'un franc CFA (franc de la Communauté Financière Africaine) ont pratiquement disparu ; un franc se dit **fiftin** (de l'anglais « fifteen », Dieu sait pourquoi !) et deux francs, **duubël** (du français « double »)

— l'unité de base est le **dërëm** (de l'arabe « dirham », lui-même provenant du grec « drachme »). Le **dërëm** vaut 5 FCFA, il faut donc vous habituer à compter cinq et dire, par exemple, **ñari dërëm**, 10 F CFA (2 dërëm) ou **juroom dërëm**, 25 F CFA (5 dërëm) ou encore **ñaar fukk dërëm**, 100 f CFA (2 × 10 dërëm).

Si vous dites **juroomu temeer**, c'est-à-dire 500, dërëm est sous-entendu, et cela signifie 2 500 F CFA.

□ *Le temps, la date et l'heure*

On retrouve dans l'expression du temps en wolof les trois composantes de la culture sénégalaise : l'Afrique, l'islam et l'Europe. Cependant les mots wolofs ont perdu du terrain au profit des mots arabes ou français. Voici le vocabulaire le plus important à retenir concernant le temps :

« année », **at**

« mois », **weer** (mot qui signifie aussi « lune » et se retrouve dans le mot **fanweer**, « 30 », litt. : « jours du mois »)

« jour », **bes** ou **fan**

« semaine », **ayi bes** (litt. : « des jours »)

« aujourd'hui », **tey** ou **tay**

« lundi », **altine** (de l'arabe « tnin » qui signifie « deux », c'est le deuxième jour de la semaine)

« mardi », **talaata** (de l'arabe « tlata », « 3 »)

« mercredi », **alarba** (de l'arabe « arbaa », « 4 »)

« jeudi », **alxamis** (de l'arabe « khamsa », « 5 »)

« vendredi », **ajuma** (de l'arabe « juma », « assemblée » pour la prière)

« samedi », **aseer**, gaawu
« dimanche », **dibeer** ou **dimaans**

Pour les musulmans, qui constituent la grande majorité de la population, les heures des prières sont d'importants points de repère dans la journée.

La première prière est celle de l'aube qu'on appelle **fajar** (mot arabe), **ñël** ou **bët set** (litt. : « l'œil propre »)

La deuxième prière, dite du midi, se pratique entre 13 h 30 et 14 h et s'appelle **tisbar**.

La troisième prière, le soir avant le coucher du soleil, est dite **takusaan** ou **ngoon.**

La quatrième prière, celle du crépuscule, est dite **timis** ou bien, pendant le mois de ramadan, **dok** : c'est l'heure à laquelle s'arrête le jeûne.

La cinquième prière, une heure après la précédente, est dite **gee**, c'est la dernière de la journée.

Il existe de nombreux autres termes pour désigner les moments de la journée ou préciser le temps :

guddi, « nuit »
bëcëk, « jour », par opposition à nuit, signifie aussi « matinée » (à noter qu'on dit toujours « nuit et jour », **guddeek bëcëk**, et jamais « jour et nuit »)
diggu bëcëk, « midi », « milieu du jour »
ñdoloor ou **diggu ñdoloor**, période chaude du jour, entre midi et 14 h.
subë, « matin », « lever du soleil » et aussi « demain » (comme l'espagnol « mañana » ou l'allemand « Morgen »).
subë ci subë, « demain matin » (cf. l'espagnol « mañana por la mañana »)
ngoon, « soir », « après-midi »
subë ci ngoon, « demain après-midi »
ganaaw subë, « après-demain »
yoor-yoor, période de la journée entre 10 h et midi
waxtu, « heure », « moment »

○ *Expressions courantes*

« quel jour sommes-nous ? » **ban bes lanu nekk tay ?** (mot à mot : « quel jour nous se-trouver aujourd'hui »). On dit aussi **tay la ban bes** (« aujourd'hui est quel jour ») ou encore **fu weer wi tollu ?** (« où mois-le est-il »)
« nous sommes le (3) », **(ñat) eelu fan**
« quelle heure est-il ? », **ban waxtu ?** ou **ban waxtu moojot**
« il est 2 h 5 », **ñaari waxtu tek na juroomi minit** (litt. : « deux heures on ajoute cinq minutes »)

« il est 3 h et quart », **ñatu waxtu tek na fukku minit ak juroom** (« 3 h, on ajoute dix minutes et cinq »)
« 4 h et demi », **ñeent waxtu ak genn wal** (« 4 h et une moitié »)
« 5 h moins cinq », **juroomi waxtu des na juroomi minit** (« 5 h, il reste 5 minutes »)
« je suis en retard », **dama tarde** (**tarde** est le mot français « tarder »)
« il est en avance », **dafa teel ñëw** (« il est tôt venu »)

Vous entendrez parfois le mot **saa** ; il signifie « heure » en arabe mais il a pris en wolof tantôt le sens de « minute », tantôt celui de « seconde ». Pour éviter toute confusion, nous vous conseillons de ne pas l'employer.

LE CALENDRIER ISLAMIQUE

Le calendrier le plus couramment utilisé au Sénégal est celui qui nous est familier. Cependant, pour les besoins religieux, on emploie le calendrier islamique. Il est donc utile de connaître les noms des mois en wolof selon ce système.

Rappelons que l'ère islamique commence l'année de l'hégire, la fuite du prophète de la Mecque à Médine, en 622 de l'ère chrétienne. Le Coran dit expressément que le temps se mesure d'après la lune. L'année compte 354 jours répartis en 12 mois lunaires de 29 ou 30 jours. On constate donc un décalage de 11 jours chaque année avec l'année chrétienne. Selon les musulmans, ce décalage présente l'avantage que le jeûne du ramadan ne se situe pas toujours à la même période, ce qui égalise la dureté de cette épreuve pour les différentes régions du monde.

Les noms des mois du calendrier islamique sont les suivants, en wolof et en arabe :

arabe	**wolof**
— muharram	— tamxaritt
— safar	— diggi gamu
— rabi el awal	— gamu
— rabi el thani	— rakki gamu
— jumadi el awal	— rakkaati gamu
— jumadi el thani	— maamu koor
— rajab	— ndeyi koor
— shaaban	— baraxlu
— ramadan	— koor
— shawal	— kori
— dhu el qada	— diggi tabaski
— dhu el hijja	— tabaski

La naissance du prophète (« maouloud » en arabe) se situe dans le mois de gamu. Le mot tabaski est apparenté à « pâques » (paskha). On reconnaît dans les noms de mois wolofs les mots **digg**, « milieu » ; **rakk**, « jeune frère » ; **rakkaat**, « cadet » ; **maam**, « ancêtre » ; **ndey**, « mère ». **Koor** a pris le sens de « jeûne ».

LA CULTURE WOLOF

Chaque ethnie africaine a ses particularités culturelles. Cependant, certains caractères sont communs à plusieurs ethnies ; il existe une culture des pays sahéliens qui se distingue nettement de celle des peuples africains de la forêt. Si l'on parle de culture négro-africaine dans son ensemble, c'est qu'on retient que les traits les plus marquants, comme quand on parle de culture occidentale en englobant des sociétés aussi diverses que celle de l'Europe du Nord, des pays latins ou des Etats-Unis.

La culture wolof a subi diverses influences qui l'ont modelée et déterminent son originalité.

A côté d'un fonds commun négro-africain, apparent dans l'organisation sociale et les coutumes, on constate une forte imprégnation des modes de pensée de l'islam et de la France.

Les autres ethnies sénégalaises n'ont pas toutes le même dosage de ces différents éléments culturels ; en ce qui concerne l'islam notamment, certaines ethnies ne sont que partiellement musulmanes, d'autres sont plus ou moins christianisées ou ont au contraire conservé des pratiques animistes.

Malgré ces importantes différences, il existe indiscutablement aussi une culture sénégalaise, perçue comme distincte par bien des aspects de celle du Mali ou de la Guinée par exemple.

Notre propos est de présenter ici au lecteur quelques éléments de la culture wolof ou sénéglaise qui complètent la description de la langue et les exemples de conversation courante des chapitres précédents. Il nous semble en effet que l'étude purement linguistique du wolof perdrait une partie de son intérêt si le cadre culturel de son emploi n'était pas plus précisément tracé.

Les points les plus caractéristiques que nous avons retenus sont les suivants :

— les noms de personnes

— les noms de lieux
— la famille : naissance
circoncision
mariage
funérailles
— la religion
— la vie sociale
— les caractères originaux des Lébous

□ *Les noms de personnes*

Au Sénégal comme ailleurs, le nom de famille est transmis par le père et le prénom est donné le 8ᵉ jour après la naissance. La seule différence importante est que la femme mariée conserve traditionnellement son nom de jeune fille. Depuis peu et dans les villes, cet usage tend à disparaître mais il arrive encore fréquemment qu'on demande à un homme quel est le nom de sa femme : **sa jabar, naka la sant (** (« ta femme, comment est nom-de-famille ? »)

o *Les noms de famille*

Selon le dicton wolof **sant dëkkul fenn**, « les noms de familles n'habitent nulle part », c'est-à-dire qu'ils ne sont pas caractéristiques d'un village ou même d'une ethnie. Il n'en a pas été toujours ainsi. Jadis les noms étaient caractéristiques d'un clan qui possédait le même totem. Le totem est un animal, protecteur du clan, auquel chaque membre du clan devait respect, en particulier il était interdit de le manger.

L'éclatement de ces structures anciennes a fait disparaître les clans, même s'il persiste encore des castes, à contenu essentiellement professionnel. Cependant les noms de famille actuels sont tous, ou presque, d'origine clanique, ce qui explique qu'ils ne soient pas très nombreux. La grande majorité des Sénégalais ignore généralement à quel totem leur nom se rattache et, par suite du développement de l'individualisme et de la multiplication des mariages entre ethnies, les noms de famille ne sont même plus aujourd'hui caractéristiques d'une ethnie.

Sous ces réserves, la liste ci-après, quoique non exhaustive, donne la plupart des noms de famille portés par des Wolofs :

Ba	Gaye	M'Backé	Sog
Bâs	Gadiaga	M'Baye	Sow
Bousso	Gueye	M'Bengue	Sugu
Cissé	Kaba	M'Boup	Sy

Dia	Kane	M'Bow	Syll
Diack	Kanté	N'Diaye	Sylla
Diagne	Karé	N'Doye	Tall
Dieng	Kébé	N'Gom	Thiam
Diop	Lâ	Niang	Thioune
Diouck	Lâm	Paye	Wade
Diouf	Leye	Pouye	Wane
Fall	Lo	Sall	
Faye	Ly	Sâné	
		Seck	

Remarquons que l'orthographe des noms de personnes ci-dessus suit les habitudes françaises et non les règles adoptées pour écrire le wolof (**Bâs** et non **Baas** ; **Diop** et non **Joop** ; **Diouf** et non **Juuf** etc.)

Une partie de ces noms wolofs proviennent d'autres origines ethniques. Par exemple, **Ba, Dia, Sall, Sow** et **Tall** sont d'origine peule ou toucouleur ; **Kanté** est d'origine mandingue, **Diouf** est sérère et **Cissé** très lointainement soninké mais devenu peul il y a des générations.

Parmi les totems qui sont encore connus, on sait que : **Diop** a pour totem le paon, **Fall** le serpent, **Lo** le ramatou (une sorte d'oiseau), **M'Bengue** le chacal, **N'Diaye** le lion, **Seck** la chèvre etc.

Jadis, quand la notion de totem était clairement perçue, l'appartenance au clan de ce totem était plus importante que le nom de famille lui-même. Par exemple, un wolof du nom de **N'Diaye** se rendant au Mali en pays bambara, était reconnu comme un lointain parent par les Bambaras ayant aussi le totem du lion ; comme ceux-ci se nomment **Diarra** en bambara, le visiteur wolof était appelé **Diarra** et non **N' Diaye**, pour lui faire sentir amicalement cette parenté. De même un **Fall** est « équivalent » à un **Coulibaly**, puisqu'ils ont ensemble le totem du serpent ; **Gueye** est l'homologue de **Cissokho**, **Diop** de **Traoré**, **Ba** de **Diakité** et **Kane** de **Diallo.**

Avoir un totem suppose qu'on porte un respect à l'animal considéré mais cela peut aussi entraîner des contraintes particulières : ainsi les **Lo** n'ont pas le droit de se couper les cheveux pendant un certain mois de l'année.

○ *Les prénoms*

Bien que les Wolofs soient presque tous musulmans, leurs prénoms ne sont pas toujours liés à la religion. Les Wolofs peuvent avoir de un à quatre prénoms. Le prénom **(tur)** est énoncé avant le nom de famille **(sant)**, bien que les habitudes scolaires conduisent souvent à appeler les élèves dans l'ordre inverse.

Le choix du ou des prénoms est le privilège du père. La mère peut demander à son mari de choisir ce prénom, ce que le mari accordera comme une marque de tendresse et d'estime.

Le prénom est toujours celui d'un parent, d'un ami ou d'un saint personnage religieux. Récemment, une certaine relance de l'africanisme a provoqué une vogue nouvelle pour les prénoms africains. Cependant la majorité des prénoms wolofs sont d'origine musulmane mais leur orthographe les rend parfois difficilement reconnaissables.

Prénoms masculins

Le nom du prophète Mahomet se retrouve sous diverses formes : **Mohammad** est la plus proche de l'arabe, mais aussi **Mouhamadou**, **Mamadou**, **Ahmadou**, **Amadou** et même les formes très simplifiées et africanisées de **Mor** et **Mot.**

La famille et les compagnons du prophète, donnent les noms suivants : **Abdoulaye**, abrégé en **Abdou** ou même **Doudou** ou **Abou** (le père du prophète) ; **Alioune** ou **Aline** (son gendre Ali) ; **Assane** (son petit-fils Hassan) **Babacar** (Abou Bakr), **Ousmane** (Othman) et **Oumar** (Omar), les premiers califes etc.

On trouve aussi **Djibril** (Gabriel), **Ibrahima** (Abraham), **Issa** (Jésus), **Mousa** (Moïse), **Daouda** (David) qui sont des noms d'ange ou de prophètes.

A noter que **M'Baye** est aussi un prénom mais, dans ce cas, il est considéré comme le diminutif de **Babacar.**

La liste ci-dessus est loin d'épuiser les prénoms d'origine musulmane, on trouve aussi **Cheikh** (« vieillard » en arabe) qui est normalement un titre de respect, **Tidjane**,qui est le nom d'une confrérie, ou **M'Backé** qui est le nom du fondateur de la confrérie mouride mais peut être adopté comme prénom, même par des non-mourides.

Parmi les prénoms d'origine négro-africaine, on peut citer **Samba**, **Lat**, **Dior**, **Latir**, **Magatte**, **Makhudje**, **Saliif**, **Demba**, **Djibo** etc. Certains Wolofs portent comme prénom le nom d'un personnage historique comme **Soundiata** ou **Samory**.

Précisons que dans une famille dont le père a deux femmes, il est d'usage que le fils d'un lit donne à son propre fils le prénom d'un fils de la co-épouse de son père.

Prénoms féminins

L'un des plus répandus est **Fatou**, tiré du nom de **Fatima**, la fille du prophète. Citons aussi **Aïchatou**, parfois abrégé en

Astou, tiré de **Aïcha**, nom de la dernière épouse du prophète ; **Seynabou** (Zénobie en français), **Aminata** etc.

Parmi les prénoms d'origines diverses, on trouve **Coumba** (africain) **Arette** (qui viendrait d'Henriette ?), **Mami**, **Maguette**, etc.

*

□ *Les noms de lieux*

La variété des langues parlées au Sénégal et le fait qu'elles n'aient été écrites que tardivement rend plus difficile encore qu'en Europe l'interprétation de la signification des noms de lieux sénégalais.

Le nom du pays, le **Sénégal** lui-même, est d'origine hypothétique : certains y voient une déformation de Zénaga, nom local de la tribu berbère Sanhadja qui entreprit l'islamisation de la vallée du fleuve à partir du XIe siècle ; d'autres considèrent qu'il provient de « sunu gaal », « notre pirogue » en wolof. Il est aussi possible qu'un jeu de mots ait introduit une pirogue (« gaal ») dans le nom historique de Zénaga... Tout cela n'est que conjecture.

Dakar était un nom inconnu avant 1750. Il apparaît alors sur une carte du naturaliste Adamson. En wolof **Dagaar** signifie « tamarinier » ; il est explicable qu'un naturaliste ait mentionné sur sa carte une végétation typique.

Malgré l'islamisation, les noms de lieux d'origine arabe sont relativement rares. Parmi ceux-ci, on peut citer **Taïba**, le site du gisement de phosphate, et **Touba**, le centre spirituel des Mourides, qui proviennent tous deux de la racine arabe « taïb » dont le sens est « bon », « agréable » : ce sont des lieux de félicité. Sont également d'origine arabe les villages de **Darou Mousty** (« la maison de Mustafa ») et de **Dahra** (« école coranique »), **l'île à Morfil**, sur le fleuve Sénégal (**azm el fil**, « défense d'éléphant ») et peut-être la ville de **Kaffrine** (« les infidèles », c'est-à-dire les non-musulmans).

Les Portugais ont laissé quelques traces : les plus évidentes concernent **Rufisque** (« rio fresco », la rivière froide) et **Sali Portugal**, village de la Petite Côte. Cependant Rufisque a aussi gardé son nom wolof de **Ten geej**.

Les autres langues étrangères n'ont pas laissé davantage de noms de lieux : **Saint-Louis**, ainsi baptisé en l'honneur du roi de France, a gardé son nom wolof de Ndar et **Gorée**, dont le nom provient de celui de l'île néerlandaise de Goeree, s'appelle toujours **Bër** en wolof.

Ainsi, la très grande majorité des noms de lieux sénégalais est d'origine africaine, mais il est difficile de discerner non seulement leur signification mais même leur rattachement à une langue particulière.

Les noms qui peuvent s'expliquer, au moins partiellement, ne sont pas les plus nombreux.

Sont évidemment wolofs :

— **Linguère** (**lingeer**, « la princesse »)

— **Richard Toll** (« le jardin, **tool**, de Richard »)

Cependant la science de la toponymie n'en est qu'à ses balbutiements au Sénégal. Des chercheurs commencent à s'y consacrer. On peut espérer que leurs travaux apporteront des lumières intéressantes car les noms de lieux sont, dans les pays de culture non écrite, le seul vestige du passé lointain.

□ *La famille*

La famille africaine, et wolof en particulier, est comprise dans un sens bien plus large que la famille occidentale. Elle attache une grande importance à la lignée de ceux qui ont les mêmes ancêtres et inclut donc non seulement les parents et enfants mais aussi les grands parents, les oncles et tantes, les neveux et nièces, les cousins etc.

Le terme **njaboot** (litt. : « ceux qui sont portés sur le dos ») ne désigne que la progéniture et celui de **waa jur** (« ceux qui ont mis au monde ») les parents proprement dits. C'est le mot **mbokk** (« l'appartenance » de **bokk**, « appartenir ») qui désigne l'ensemble des membres de la famille wolof au sens large ; celle-ci est généralement appelée **kër**, c'est-à-dire « la maison ».

Tous les membres de cette famille ont leur rôle qui se manifeste à l'occasion des cérémonies. Ainsi c'est l'oncle (**nijaay**, ou **najaay** litt. : « qu'il vende ») à qui revient la charge de marier ses neveux et nièces.

Depuis peu, sous l'influence française, la famille traditionnelle a tendance à se noyauter et le mot **famic**, emprunté au français, a le sens restreint que nous donnons le plus souvent à la famille : l'ensemble des parents et des enfants.

Pour décrire plus précisément la famille wolof, il faut savoir que, par tradition africaine, la parenté repose fondamentalement sur le lignage utérin, le **meen** (litt. : « lait maternel »). Il s'y superpose secondairement un lignage paternel (**xeet**, « souche » ou **geño**, « ceinture ») dont le rôle s'est trouvé renforcé avec l'introduction de l'islam puis par les usages français. C'est ainsi que les Wolofs considèrent que la mère

(nday ou **ndey)** apporte le sang **(derat)**, la chair **(soox)**, le caractère **(jiko)**, l'intelligence **(xel)** et, éventuellement, un pouvoir magique **(ndëmm)** assez puissant pour « manger l'âme » d'autrui. Des dictons tels que **nday ndëmm** (« mère = sorcière »), **xel danu koy namp** (« l'intelligence vient du sein maternel ») ou **doom ja, nday ja** (« telle mère, telle fille ») marquent ce rôle éminent de la mère.

Le père **(baay)** apporte, pour sa part, les os **(yax)**, les nerfs **(siddit)** le courage **(fit)** et des pouvoirs magiques **(nooxoor)** bien moins puissants que ceux de la mère et incapables de « manger l'âme ».

C'est le père qui transmet le nom de famille **(sant)**, mais on trouve encore en Afrique des groupes ethniques dont le nom caractérise l'appartenance à un même lignage utérin, à un même **meen** [comme, par exemple, les Dyoos chez les Sérères] (1).

La cohésion de la famille au sens large se manifeste plus particulièrement lors des quatre événements les plus solennels de la vie familiale que nous allons décrire maintenant :

— la naissance
— l'initiation, qui se réduit à la circonsicion chez les Wolofs
— le mariage
— les funérailles

○ *La naissance*

Dès l'accouchement (appelé en wolof **mucc** ou **wasinn**), la tradition islamique veut que le bébé absorbe quelques gouttes d'un breuvage, le **toqental**. On le prépare en dissolvant l'encre avec laquelle on a écrit la première sourate du Coran, la fatiha, et on y ajoute parfois un peu de miel.

La naissance est l'occasion d'une grande fête, mais celle-ci n'a lieu que huit jours après l'accouchement afin d'avoir le temps d'inviter les amis, d'organiser la réception... et de laisser la mère (dite : **wasinn wees**, « nouvelle accouchée ») se remettre de ses couches. L'invitation se dit **yëgle** ou **woote**.

Sont invités à la fête **(xew)** non seulement les parents au sens large **(mbokk)** mais les amis **(xarit)** et les voisins

---

(1) Parfois, on identifiait le lignage utérin en ajoutant au prénom d'un garçon celui de sa mère, précédé ou non du préfixe **ma-** de la masculinité. On peut ainsi rencontrer un homme nommé Lat Dior N'gone Latir DIOP où N'gone est le prénom de la mère, éventuellement transformé en Mangone. Ces coutumes ont tendance à disparaître chez les Wolofs.

(**dëkaale**). En fait, il est de tradition d'accepter n'importe qui comme, par exemple, un Européen de passage.

La cérémonie dure toute la journée, elle commence très tôt le matin, à 7 h à Saint-Louis et à 10 h à Dakar. Un marabout (**seriñ**) sacrifie un bélier (**kuuy**) puis récite quelques versets du Coran. Il souffle ensuite pour la première fois à l'oreille du bébé le prénom et le nom qu'il portera dorénavant. Cette phase de la cérémonie s'appelle **tudd**, l'ensemble du nom et du prénom se dit **tur**.

Pendant la cérémonie, le bébé est porté dans les bras (**uuf**) de sa tante paternelle (**njëkke**). Celle-ci est le plus souvent la **sedoo** du père de l'enfant, c'est-à-dire une sorte de marraine liée au père par un véritable pacte assez contraignant (le mot **sedoo** vient du verbe **sedele**, qui signifie « partager », sous-entendu : les biens et les responsabilités).

LES NOMS DE PARENTÉ

baay, « père ». Par extension, sont appelés **baay** les frères et cousins du père ainsi que ses amis ou connaissances de la même génération. Le même terme est aussi employé parfois comme premier prénom, ce qui signifie que l'enfant porte le nom de son grand-père. Il arrive qu'on précise **baay bu ndaw**, « petit père », pour désigner les oncles paternels.

ndey ou **yaay**, « mère », désigne aussi la tante maternelle. **Yaay** a un sens proche de celui de « maman ». **Yaay booy**, « maman chérie », est le terme d'affection utilisé par les enfants.

nijaay, « oncle maternel », s'applique aussi aux cousins de la mère, aux amis de l'oncle ou à tout homme de leur génération.

bajjan, « tante paternelle », s'applique aussi à des tantes plus éloignées ou à toute femme de leur génération.

jëkkër, « mari » ; par extension tout homme parent, allié ou ami du mari et de la même génération peut être appelé ainsi, avec les risques de confusion que l'on imagine.

jabar, « épouse » ; par extension, ce terme s'applique aussi à toute femme parent ou ami de l'épouse et de la même génération.

maam, « grand parent ». On peut préciser **maam bu goor**, « grand-parent-homme », « grand-père », ou **maam bu jigeen**, « grand-parent-femme », « grand-mère ».

maamaat, « arrière-grand-parent », que l'on peut préciser, comme ci-dessus, **maamaat bu goor** ou **maamaat bu jigeen**.

doom, « l'enfant » ; ce terme est aussi employé par les parents pour désigner ceux qui sont de la même génération que leurs enfants. En ajoutant **goor** ou **jigeen** comme précédemment on précise s'il s'agit d'un garçon ou d'une fille.

doomu ndey, « enfant de la même mère ». Ce terme est utilisé, au sens large, pour désigner des personnes qu'on aime bien et avec lesquelles on partage une certaine complicité, par opposition à **doomu baay**.

doomu baay, « enfant de même père ». Contrairement au **doomu ndey**, le **doomu baay** est réputé pour être le rival, d'où l'expression **duma sa doomu baay**, « je ne suis pas ton rival ».

doomu nijaay, « enfant de l'oncle maternel ». Traditionnellement, c'est parmi les filles de l'oncle maternel que l'on choisit une épouse, en général la première épouse en cas de polygamie. Le **doomu nijaay** s'appelle aussi **sang**.

doomu bajjan, « enfant de la sœur du père ». Les **doomi bajjan** sont réputés querelleurs et taquins ; on dit **duma sa doomu bajjan** avec le sens de « je ne suis pas ton souffre-douleurs ».

mag, « aîné », s'emploie pour désigner les aînés d'un frère, d'une sœur, d'un cousin et plus généralement ceux qui sont de la même génération que le frère aîné. **Mag** s'applique aussi à toutes les personnes âgées. On dit : **mag baax na ci reew**, « une personne âgée est utile dans le pays ».

rakk, « cadet », s'emploie pour désigner aussi ceux de la même génération que le frère cadet ou la sœur cadette. Comme pour **mag**, on ajoute, en fonction du sexe, **bu goor** ou **bu jigeen**.

sët, « petit-enfant ». Pour préciser, on dit **sët bu goor**, « petit-fils », et **sët bu jigeen**, « petite-fille ». On considère que les petits enfants sont gâtés par leurs grands-parents et qu'ils ne leur témoignent pas assez de respect. On dit : **sët day yap maam**, « le petit enfant est effronté à l'égard des grands-parents ».

jarbaat, « neveu ».

yumpaañ ou **umpaañ**, « épouse du **nijaay** ».

peccargo, « épouse du frère du mari ».

tanta, « tante ». Ce terme désigne les sœurs, cousines ou amies de la mère et de la même génération qu'elle ; il désigne aussi les autres épouses du père.

njëkke, ce terme s'applique à toute femme (sœur, cousine, amie...) liée à l'épouse et de la même génération.

jigeen, qui signifie « femme » en général, a aussi le sens de « sœur ». Il s'emploie souvent pour interpeller une femme de la même génération que soi : **sama jigeen**, « ma sœur ». **Jigeen** ne peut être employé que par un homme.

cammiñ n'est utilisé que par les femmes. Il désigne leur frère ou tout autre homme de la même génération. **Jigeen** et **cammiñ** comporte une nuance de respect.

goro est le terme général toute personne apparentée au conjoint et de la même génération. Pour préciser le sexe, on ajoute **goor** ou **jigeen**.

waay est un terme affectueux employé par les hommes et les femmes pour désigner un homme adulte ; **sama waay** pourrait se traduire par « mon gars ».

○ *La circoncision*

La circoncision est pratiquée en Afrique depuis l'Antiquité. Elle fut tardivement renforcée par l'islam qui la rendit obligatoire. Toutes les communautés musulmanes la respectent rigoureusement.

La circoncision n'est pas seulement une opération chirurgicale mais fait partie de l'éducation du jeune adolescent ; elle marque la transition entre l'adolescence (**xaleel**, « enfant ») et la vie adulte (**xaleelu goor**, « jeune adulte »). En fait, c'est une initiation aux valeurs de la société, une socialisation de l'individu.

Le circoncis (**njulli**) apprend à faire siennes les vertus (**jikko**) qu'il doit admirer chez ses aînés : le courage (**fit**), la patience et l'endurance (**muñ**), la discrétion et la pudeur (**jom**), la solidarité et la reconnaissance (**kolëre**). Le circoncis peut aussi être initié — ce qui se fait de moins en moins — à certaines pratiques magiques et aux secrets de la nature.

Les circoncis appartiennent en général à une même classe d'âge, composée des cousins et voisins qui partagent le **lël** ou **mbaar** (ces termes signifient à la fois « chambrée » et « corps d'initiés »). On évite généralement la présence de frères de même lit (**mak ak rak yu bok nday ak baay**, « aîné et cadet qui ont même père même mère »). En revanche, les demi-frères peuvent partager la même chambrée (en wolof : **neegu gorr**, « chambre des hommes »).

Il est interdit aux femmes, surtout aux jeunes filles, de pénétrer dans ce lieu.

Les Wolofs ont trois mots pour désigner la circoncision : **teegu**, **jongu** et **xaraf** ; quant au verbe « circoncire », il est dérivé des substantifs : **teegal**, **jongal** et **xarfal** (rappelons que le suffixe **-al** exprime le factitif, c'est-à-dire l'idée de faire faire l'action).

Les circoncis portent un vêtement particulier adapté à leur situation : c'est un long boubou (**mbubb**) assez ample pour éviter tout frottement sur les parties intimes. Le prépuce coupé pendant l'opération chirurgicale est soigneusement enveloppé et attaché sur le boubou au niveau de l'épaule ou de la poitrine. A la cicatrisation (**simi** ou **lakk**), le prépuce peut être enterré ou servir à faire une décoction qui sera bue par le circoncis (2).

○ *Le mariage*

Dans la société traditionnelle, le choix de l'épouse d'un garçon se faisait exclusivement en fonction des liens de parenté ou des préférences des parents. Si possible, la fiancée devait être une cousine, fille de l'oncle maternel du garçon (**doomu nijaay**, « enfant d'oncle »). Dans un tel couple, on appelle la femme **wurusu jabar**, (« épouse d'or ») et le mari **xaalisu jëkër** (« époux d'argent »), mais ces expressions ne sont plus couramment employées (3).

Aujourd'hui, surtout dans les villes, le poids de la famille tend à diminuer. Même si les mariages imposés deviennent rares, il est cependant mal vu de se passer du consentement des parents, source de **baraka** (« bénédiction »). En revanche, les opinions sont partagées sur les avantages de se marier au sein de la famille élargie, entre cousins proches ou éloignés. On dit aussi bien **sëyu mbok baaxul** (« le mariage entre parents n'est pas bon ») que **takkal sa mbok moo** (« épouse ta parente, c'est mieux »).

Le mariage moderne (**tann kila neex**, « choisir qui te plaît ») ne dispense pas de suivre les habitudes concernant les démarches des fiançailles et le versement de la dot.

Les fiançailles (**ngoro**) se scellent officiellement par un « premier don » (litt. : **may gu jëk**) du fiancé à sa belle-famille. Jadis, c'était un don en nature (panier de noix de cola, bijoux...), mais il consiste de plus en plus en une somme d'argent. On appelle aussi ce premier cadeau **ndag far**, « chasse-rivaux »,

---

(2) **simi** signifie « se déshabiller », le circoncis se débarassant de son boubou ; **lakk** signifie « brûler » car on fait grand feu au cours de la fête de clôture.

(3) Une coutume curieuse subsiste encore qui marque les rapports particuliers entre les enfants de l'oncle maternel (appelés **sang**) et ceux de la tante paternelle (appelés **jaam**, « esclaves ») : dans certaines cérémonies ou à l'occasion de visites, le **jaam** est chargé de tâches matérielles en échange de quoi il peut disposer à sa guise des biens du **sang**, en particulier d'habits. Le **sang** s'arrange donc pour que rien ne soit laissé à la portée de son **jaam**. À noter que **jaam** n'a pas de sens dégradant car chacun est à la fois **jaam** et **sang** de quelqu'un.

car, après ce cadeau, la jeune fille ne peut plus, en principe, recevoir d'autres prétendants ni accepter quoi que ce soit d'un visiteur.

*

A part le lien de parenté ou la respectabilité de la famille, les qualités que les Wolofs recherchent plus spécialement chez une épouse sont :

— la beauté **(rafet)**
— le goût du travail **(ligeey)**
— l'obéissance (**degg ndigël**, « écouter l'ordre »)
— le respect à l'égard des parents **(yaru)**
— l'appartenance à la même caste **(ngiir)**
— l'absence de **gaaf**, c'est-à-dire d'influence néfaste.

Quant à l'amour, trois mots traduisent en wolof le verbe « aimer » : **bëgg**, **sopp** et **nopp**. **Bëgg** est le terme général qui englobe tous les sens du verbe « aimer », il s'applique aux choses comme aux personnes ; « amour » se dit **mbëgeel** tandis que **bëgg-bëgg** traduit plutôt « désir » ou « plaisir ». Pour dire « je t'aime » de façon directe, on peut employer **bëg** : **dama la bëg**. « Je t'aime », **yaw rekk la bëg** (« toi seulement t'aime ») : « Je n'aime que toi. ».

Sopp se rapproche beaucoup plus du sens d'« admirer ». Quand **sopp** est employé dans une déclaration d'amour, il met l'accent sur la pudeur. **Dama la sopp**, « je te chéris », peut s'employer entre femmes, jamais entre hommes. **Soppe** désigne la personne admirée, à laquelle on veut faire un compliment ; parfois simplement une personne sympathique.

Nopp ne s'applique qu'à des sentiments amoureux intenses ; on ne l'emploie jamais pour les choses ni au figuré. On peut éprouver un sentiment de **sopp** ou de **bëgg** pour quelqu'un sans avoir celui de **nopp** qui engage davantage et est plus exclusif. On dira : **danu nobante** (pour **nopp-ante**), « ils s'aiment » ; le mot correspondant pour « amour » est **nobeel**.

Dans leurs déclarations d'amour, les Wolofs disent plutôt **dama la bëg** que **dama la nopp**, ce qui traduit l'importance qu'ils attachent à la pudeur.

*

La polygamie

Dans l'Afrique pré-islamique, la polygamie se pratiquait sans restriction. Le nombre de femmes n'était limité que par les moyens financiers du mari. Certains potentats avaient plusieurs centaines d'épouses.

Avec l'avènement de l'islam, le nombre de femmes a été limité à quatre. Le Coran précise qu'on ne peut prendre une seconde épouse que dans la mesure où l'on est capable de la traiter avec impartialité par rapport à la première. Cette exigence revient, dans l'esprit de nombreux musulmans, à recommander la monogamie.

Dans la société pluri-ethnique sénégalaise, les Wolofs sont plus particulièrement portés vers la polygamie. Celle-ci est surtout pratiquée par les personnes de plus de 45 ans et de situation aisée. L'homme prend généralement une deuxième épouse **(ñareel)** 10 ou 15 ans après son mariage avec la première épouse **(aawa)**. Les co-épouses **(wujj)** habitent en général la même « concession », chacune occupant une chambre. De nos jours, on voit de plus en plus de co-épouses qui vivent séparément, dans des domiciles distincts. En cas de cohabitation, dans certains ménages les femmes prennent leur repas en commun avec les enfants et le mari mange seul ; parfois le mari mange avec toute sa famille.

Les épouses reçoivent le mari à tour de rôle **(nioome)** ; chacune dispose de deux ou trois jours consécutifs. C'est la femme qui « prend son tour » qui fait la cuisine. Dans les familles modernes des villes où une des épouses travaille à l'extérieur, c'est une bonne qui fait la cuisine. Dans certains cas aussi, c'est le mari qui reçoit l'épouse dans sa chambre et non l'inverse.

En principe, la première femme a plus d'autorité et de responsabilité que les autres. En l'absence du mari, elle organise la maison, répartit le travail, distribue la nourriture, etc.

Rappelons que les enfants de même mère sont appelés **doomu ndey**, par opposition aux enfants de même père appelés **doomu baay**.

○ *Les funérailles*

Le vocabulaire wolof relatif à la mort est particulièrement riche. Le mot général pour « mourir », **dee**, n'est pas employé pour les êtres humains mais pour les animaux ou les plantes. On dira même **wer wi dee na**, « le mois est mort », pour parler de la fin du mois. En revanche, il existe de nombreuses expressions qui traduisent « il est mort » : **saay na** s'applique à un chef d'Etat, **jiitu na** ou **aj na** à une personnalité religieuse, tandis qu'on a le choix pour les gens ordinaires entre **gaañu na** (« il s'est blessé »), **reer na** (« il est perdu »), **sanku na** (« il a disparu »), **faddu na** (« il est abattu ») ou **faatu na** (« il est coupé »). Ces périphrases sont vraisemblablement une trace de l'animisme ancien où l'on cherchait à conjurer la mort en ne prononçant pas son nom, c'est ce que les ethnologues appellent un mot tabou.

Aujourd'hui, les rites mortuaires sont ceux de l'islam (4) : le corps du défunt est lavé pour une dernière ablution purificatrice ; il est enveloppé dans un linceul blanc, couleur de pureté et ses mains sont croisées sur la poitrine. L'enterrement a lieu dès que possible, même la nuit. Le corps est transporté au cimetière dans un cercueil, mais il est placé dans la tombe à même le sol, la face tournée vers la Mecque. Le cercueil ne sert qu'au transport, il est donc récupéré pour d'autres enterrements.

Le terme qui désigne les funérailles, **dëc**, signifie à proprement parler « clouer sur place », c'est-à-dire que les visiteurs doivent rester assis de longues heures pour la cérémonie. En fait, le **dëc** est l'ensemble de la cérémonie qui comprend la toilette du défunt **(sang neew)**, les condoléances **(jaale)** et les offrandes **(sarax)** des visiteurs, les repas qui leur seront offerts jusqu'à l'enterrement et la cérémonie funèbre (**dëc** proprement dit).

Comme pour les naissances, la participation aux funérailles, rassemble les parents au sens large **(mbokk)**, les amis et voisins, les griots **(gewël)** et le marabout **(sëriñ)**.

La partie religieuse de la cérémonie comporte souvent, au domicile du défunt, la lecture complète du Coran (**jang kaamiil**, « lecture du Coran complet ») effectuée par un groupe de personnes d'une école coranique **(daara)** ou d'une association religieuse **(dahira)**. Le marabout y ajoute un sermon **(xutba)** sur l'inéluctabilité de la mort, la nécessité d'adorer Dieu, de faire le bien et de fuir le mal.

Parmi les formules de circonstances que l'on peut entendre au cours d'un enterrement, citons :

mangi dem dëc ba, « je vais à l'enterrement »

doon mbokk, « il était un parent »

di baay, il était un père »

di xarit, « il était un ami »

di xeet, « il était souche » (c'est-à-dire « de la même souche »)

adunu du dara, « le monde n'est rien »

bes bu mujuba rekk mooy dëg, « le jour dernier seulement est vrai » (seul le dernier jour compte)

siggil ndigaale, « mes condoléances » (litt. : « relevez les liens qui nous lient ») à quoi on répond :

siggil sa wal, « relevez votre part », ce qui signifie que chacun est lié au défunt et participe à la douleur.

---

(4) Les ethnies animistes d'Afrique de l'Ouest avaient coutume encore récemment, de placer les corps de leurs griots morts dans le tronc d'un baobab.

Yall naka Yalla yërëm te yeexenu, « que Dieu ait pitié de lui et nous laisse longue vie » (**yeexenu** vient de **yeex**, « lent » : si nous vivons longtemps, nous pourrons prier pour le défunt)

Chaque vœu pieu de cette nature appelle pour réponse : **amiin**, « amen »

*

□ *La religion*

Les Wolofs sont tous musulmans, à de rares exceptions près. Au Sénégal, le christianisme, très majoritairement catholique, est pratiqué par une partie des Sérères, des Diolas et des ressortissants de diverses ethnies de Casamance et du Sénégal oriental. L'animisme ne subsiste que marginalement à l'état pur mais il imprègne encore à des degrés divers la mentalité et la culture de bon nombre de Sénégalais.

Les Wolofs n'ont adhéré en masse à l'islam qu'au cours du XIXe siècle, bien que son implantation ait été importante depuis le XIIe siècle.

Ce sont les confréries (**tariqa**, du mot arabe signifiant « voie ») qui permirent l'expansion et la popularisation de l'islam.

Trois grandes confréries sont représentées au Sénégal : celle des Tidjanes, originaire d'Algérie, celle des Mourides, d'origine purement sénégalaise, et celle des khadirs (qadiriya), très nettement minoritaire.

Ces confréries se rattachent à ce qu'on appelle le soufisme, interprétation spiritualiste et mystique de l'islam. Elles pratiquent toutes l'islam sunnite, de rite malékite, comme presque partout en Afrique de Nord et en Afrique noire occidentale.

Pour compléter le tableau de l'islam sénégalais, il faut mentionner une forme pratiquée par l'ethnie dakaroise des Lébous, le mouvement layène.

○ *Les tidjanes*

Le fondateur de la confrérie, l'Algérien Cheikh Ahmed Tidjane, vécut au XVIIIe siècle. Le développement vigoureux de la confrérie au Sénégal en milieu Wolof fut le fait de El Hadji Malik Sy, né en 1855 à Gaaya dans le Waalo et mort en 1922 à Tivaouane, à une vingtaine de kilomètes au nord de Thiès. Tivaouane est devenue la capitale du tidjanisme sénégalais ; le jour du Gamou, l'anniversaire de la naissance du prophète, est l'occasion d'un important pélerinage dans cette ville.

Les Tidjanes qui le peuvent effectuent un pélerinage sur la

tombe de leur fondateur, à Fès au Maroc, généralement avant d'aller à la Mecque.

La structure des Tidjanes est souple. Il existe diverses tendances marquées par la personnalité de leurs dirigeants. Les Tidjanes de Tivaouane se distinguent de ceux de Kaolack, sans compter deux branches plus originales mais moins importantes : les Niassènes, fondés par un forgeron, et les Tidjanes « omariens », qui admirent El Hadj Omar, célèbre opposant à la colonisation française au siècle dernier. Les « Omariens » se sont fait remarquer il y a quelques années par la création, autour du village de Medina Gounasse dans l'Est du Sénégal, d'une sorte de république islamique qui évitait tout rapport avec les autorités.

○ *Les mourides*

La puissante communauté mouride présente la particularité d'être originaire du Sénégal.

Elle a été fondée à la fin du siècle dernier par un pieux musulman, le cheikh Ahmadou Bamba. Le succès de son enseignement a vite suscité la méfiance des autorités coloniales françaises qui y virent l'amorce d'une agitation politique. Le cheikh fut déporté au Gabon en 1895 où il resta près de 8 ans puis quatre ans en Mauritanie, assigné ensuite à résidence au Sénégal, il mourut à Diourbel en 1927.

Comme il arrive fréquemment, l'exil n'a eu pour effet que de renforcer le prestige du cheikh et de lui permettre de produire une abondante littérature religieuse ; les mourides se sont multipliés au point de devenir, surtout après l'indépendance du Sénégal en 1960, l'une des composantes majeures de la vie du pays.

En quoi consiste l'originalité du mouvement mouride ? Sa spiritualité se veut d'une rigoureuse orthodoxie islamique et sunnite. Le plus frappant est l'accent mis sur la formation et le travail : les adeptes, dits talibés, travaillent opiniâtrement et avec un grand désintéressement pour la communauté selon les directives de leur maître spirituel. Celui-ci, appelé cheikh, dépend lui-même directement d'un calife général des mourides, le « grand marabout » résident dans la ville de Touba, son quartier général situé à 150 km de Dakar (5).

---

(5) Talibé, du radical arabe TLB signifiant « demander », peut se traduire par « postulant ». Cheikh est un mot arabe signifiant « vieillard », « ancien » ; il s'applique couramment à des sages, même jeunes, surtout chez les soufis. Cheikh peut aussi être adopté comme prénom ; il en est de même d'ailleurs du mot tidjane ou d'autres termes

La manifestation de puissance la plus spectaculaire du mouridisme est le pélerinage annuel à Touba, désigné sous le nom wolof de magal, « commémoration ». Il a lieu le 18 du mois du mois lunaire de safar et rassemble des foules de plusieurs centaines de milliers de fidèles. La mosquée de Touba, avec 5 000 places et un minaret de 87 m de hauteur, est la plus grande du Sénégal et l'une des plus vastes du monde.

L'affluence à ce pélerinage s'explique par le fait que le pélerinage à La Mecque, selon le Coran, n'est obligatoire que pour ceux qui en ont les moyens financiers, le premier devoir d'un musulman étant de subvenir aux besoins de sa famille. Le pélerinage de Touba est donc un substitut de celui de La Mecque, sans que les Mourides rejettent ce dernier pour autant.

Autres caractéristiques remarquables du mouridisme la terre est propriété de la communauté, il n'existe pas de mendicité puisque chaque mouride travaille, et la non-violence est un principe sacré : le cheikh Bamba disait « si l'homme n'a pas le droit de supprimer sa propre vie, qu'adviendra-t-il s'il a l'audace de supprimer celle d'un autre ? »

Le lien très personnel qui lie le tablié à son cheikh, la vie austère de la communauté, donnent du mouridisme l'impression d'un ordre religieux laïc très soudé, au point que ses adeptes font usage d'un vocabulaire particulier.

Le mouridisme, grâce au dynamisme de ses membres, connaît une expansion importante, même en dehors du Sénégal.

○ *Les Khadirs*

La tariqa Qadiriyà, fondée à Baghdad en 1166 par Abd el Qadir el Djilani, s'est répandu très tôt en Afrique du Nord, d'où elle a gagné le Sénégal par la Mauritanie.

La confrérie a une réputation de tolérance et de charité ; les exercices spirituels sont adaptés à la personnalité de chaque disciple. Chaque communauté (**zaouia**, d'où vient le mot de « zouave ») est indépendante et son chef est généralement héréditaire.

---

religieux qui n'impliquent pas le rattachement à une confrérie particulière.

Marabout, du radical arabe RBT qui signifie « attacher », est originellement le membre d'un ribat, une sorte de monastère auquel on est attaché. La capitale du Maroc, Rabat, tire son nom d'un ancien ribat ; les Almoravides — en arabe « morabitoun » — sont les membres d'une dynastie marocaine de Rabat ; un marabout peut désigner soit un saint personnage, soit un tombeau ; le nom est passé, par dérision, à un grand oiseau déplumé. Mouride, d'un radical signifiant « vouloir », peut se traduire par « aspirant ».

La Qadiriya est la plus ancienne confrérie du Sénégal, mais elle parait en déclin : les Tidjanes se sont constitués largement à ses dépens et le mouridisme a accentué ce mouvement. Peut-être reste-t-il confusément dans les esprits le souvenir que la Qadiriya a été introduite par les Maures auxquels les Wolofs reprochaient leur réputation d'esclavagistes.

Actuellement la Qadiriya est surtout pratiquée par les Sarakolés et les musulmans de Casamance, dans l'Est du Sénégal.

o *Les Layènes*

Ce sont les Lébous, habitants originels de la région de Dakar qui pratiquent, pour la plupart d'entre eux, cette forme originale de l'islam. Celle-ci se caractérise par la croyance que leur guide Baye Laye serait le prophète Mahomet lui-même réincarné.

Comme nous le verrons plus loin, la société lébou est de structure matriarcale et elle conserve des pratiques magiques qui relèvent de l'ancien animisme africain.

*

Au Sénégal, contrairement à la situation de la plupart des pays d'islam, notamment arabes, les musulmans qui ne se rattachent à aucune confrérie sont minoritaire (6). Si l'on prend le risque de hasarder des chiffres pour fixer les ordres de grandeur, on peut mettre Tidjanes et Mourides sensiblement à égalité avec environ 1,5 millions de membres pour chaque confrérie, tandis que les Khadirs n'atteindraient pas les 500 000 et les Layènes seraient près de 70 000. Aucune statistique n'a été faite sur ce sujet, vraisemblablement pour éviter de froisser des susceptibilités.

Cependant il n'existe pas de cloisons étanches entre les confréries et chacun adhère à celle qui convient à sa sensibilité, même s'il existe indéniablement des familles traditionnellement plus attachées à l'une qu'à l'autre. D'ailleurs, d'un point de vue purement religieux, les trois confréries sont parfaitement en conformité avec le Coran et les pratiques complémentaires que chacune d'elles ajoute sont très proches les unes des autres ; ainsi le **zikr**, qui est une récitation collective de litanies, est généralement constitué des mêmes formules, seule change la mélodie de la récitation.

---

(6) A noter que, bien que l'influence politique des confréries soit considérable, aucune d'entre elles ne s'identifie à un parti déterminé.

Cette unité de la spiritualité se retrouve dans le domaine de l'enseignement religieux. Les jeunes Sénégalais de familles pieuses vont à l'école coranique **(daara)** chaque jour de la semaine, avant et après la classe officielle soit une heure et demi le matin avant 8 h et une heure après la fin des cours à midi, à quoi s'ajoute le dimanche.

Ceci représente plus de 12 h de formation religieuse par semaine. Une faible part de ce temps concerne l'apprentissage des pratiques du culte (récitation des prières, rites à observer...) et le reste, soit près de 80 % du temps est consacré à la lecture du Coran en arabe. Il s'agit d'un exercice de pure mémorisation puisque les élèves n'ont aucune notion de cette langue : à la fin des cours, les élèves sont en mesure de lire et de psalmodier le Coran, mais sans en comprendre le sens.

Seuls les étudiants qui font des études d'arabe (environ 10 % des élèves) dépassent ce stade de la simple récitation.

*

Précisons qu'il ne faut pas confondre **daara**, l'école coranique, et **dahira**, qui est le nom d'une association religieuse. La dahira répond au besoin d'assurer la cohésion de la communauté, notamment dans les grandes villes ou dans les pays d'émigration.

*

□ *La vie sociale*

La société africaine en général, et celle des Wolofs en particulier, repose sur une histoire et une culture originales. Bien que le monde moderne contribue à une uniformisation rapide des comportements apparents, le poids du passé est encore très perceptible ; bien plus, lui seul permet de comprendre certains particularismes qui confèrent à la civilisation wolof son originalité et son intérêt incomparables.

○ *Les castes*

La société wolof traditionnelle se caractérisait par le système des « castes » qui laisse encore de nombreuses traces aujourd'hui. Il s'agit toutefois d'un système très différent de celui de l'Inde ; les seuls points communs sont l'ancienneté — les castes en Afrique remontent à la nuit des temps — et une certaine spécificité sociale de chacune des castes.

Chez les Wolofs, le groupe numériquement le plus important est celui des **geer**, appelés parfois improprement nobles ou hommes libres, qui sont, en fait, hors castes.

Ces **geer** sont, pour la plupart, cultivateurs ; c'est dire qu'ils constituent le fondement de la société wolof. Ils sont généralement propriétaires de leur terre. C'est ce qui explique l'appelation d'hommes libres par opposition aux « esclaves » (**jaam** en wolof) qui étaient jadis attachés aux terres du roi **(mbuur)**. Aujourd'hui les « esclaves » n'existent pas plus que les rois des anciennes principautés mais le terme de **jaam** est resté pour désigner certains rapports familiaux (7).

Les castes proprement dites sont au nombre de trois : les griots **(gewël)**, les forgerons **(tëgg)** et les cordonniers **(wuude)**.

Les griots sont les plus connus car ils exercent de multiples fonctions. Jadis ils encourageaient les guerriers au combat et faisaient passer les plus valeureux à la postérité en chantant leurs exploits dans des épopées de leur composition. Les griots sont encore aujourd'hui la mémoire des familles et ils connaissent par cœur la généalogie de la famille du **geer** auquel chaque griot est attaché. Le **gewël** est aussi un artiste, chanteur et musicien, particulièrement mis à contribution lors des fêtes familiales du **geer** dont il assure l'organisation. A noter que les épouses de **geer** se font coiffer par la femme du **gewël**. De nos jours, la fonction de griot n'est évidemment pas à plein temps mais chaque famille de **geer** sait parfaitement quel est le **gewël** qui lui est exclusivement attaché. Comme on l'a vu, les fêtes familiales ont une importance considérable dans la société wolof ; elles sont l'occasion du rassemblement de la famille élargie **(mbokk)** et d'innombrables amis. Ces fêtes sont très coûteuses et les dépenses atteignent couramment deux mois de salaires pour les personnes les moins fortunées. Le griot reçoit un cadeau pour son intervention mais il se s'agit pas d'un véritable salaire : c'est son devoir que de rendre service à son **geer**, comme c'est le devoir du **geer** de lui montrer sa reconnaissance par un geste.

Les **tëgg** ou « forgerons » sont les hommes du métal ; ils peuvent exercer aussi le métier de bijoutier. Le mot **tëgg**, employé comme verbe, signifie d'ailleurs frapper comme avec un marteau sur une enclume. Chaque **tëgg** est également attaché à un **geer** mais le lien est plus lâche car le **tëgg** n'est pas, comme le **gewël**, porteur de la mémoire et de la tradition de la famille. Les **tëgg** participent cependant aux fêtes familiales du

---

(7) Voir la note à ce sujet dans le chapitre sur la vie familiale et le mariage.

geer et ils y reçoivent de l'argent. Le **tëgg**, comme le **gewël**, est « au service » du **geer** qui n'est pas forcé de payer son travail ; les uns et les autres sont liés par un contrat social implicite selon lequel les gens de caste doivent leurs services au **geer**, celui-ci se devant de les honorer par une contribution financière, sans qu'il y ait proportionnalité obligatoire entre service et rémunération.

La troisième caste, celle des cordonniers **(wuude)** n'est généralement pas liée au geer. Le **wuude** est l'homme du cuir ; son travail est payé normalement, selon les prix du marché.

« Hommes libres » et « hommes de caste » n'épuisent pas la complexité de la société wolof. On trouve aussi les travailleurs du bois **(laobe)** et les tisserands **(rabb)** dont le statut ne peut être rattaché à ces deux catégories ;

Les **laobe** seraient une caste d'origine peule. Certains d'entre eux parlent d'ailleurs une sorte de créole à mi-chemin du peul et du wolof. Ils sont aujourd'hui wolofisés mais ne sont ni castés ni « hommes libres ». Bon nombre de Sénégalais qui portent le nom de **Sow** sont laobe.

Les tisserands **(rabb)** ne constituent pas non plus une caste. Ils sont souvent d'ethnie diola **(manjako)** et rares sont les Wolofs qui exercent cette profession.

D'une façon générale, les paysans sont, comme nous l'avons vu, des « hommes libres » **(geer)**, tandis que les Wolofs castés ne sont habituellement pas cultivateurs. Précisons que l'élevage ne constitue pas une occupation spécifique, sauf chez les Peuls. Chaque paysan s'occupe de ses animaux et c'est généralement le chef de famille qui procède à leur abattage selon les rites coraniques.

Quant au mot **baadoolo**, il désigne originellement un paysan pauvre mais son usage s'est étendu et, pris comme qualificatif, il a pris le sens injurieux de « pauvre type ». Le « prolétaire » est désigné par **jaay-doole** (« vend-force »), ce qui est aussi le titre d'un journal dakarois.

Il faut préciser que les fêtes familiales des wolofs non **geer**, qu'ils soient castés, **laobe** ou **rabb**, se déroulent selon un processus comparable à celles des **geer**, seulement le griot qui les anime est choisi selon des critères de relations amicales et non par la tradition familiale.

○ *L'entraide*

L'entraide sociale **(dimbëlante)** est très caractéristique de la société africaine, et wolof en particulier. Elle marque la cohésion de la famille, au sens étroit ou élargi, mais aussi du cercle d'amis **(mbootay)**, du milieu de travail **(ligeey)** ou de la fraternité religieuse **(daara, dahira, tariqa...)**. Les liens que créent ces divers environnements sont désignés par le mot **digente** qui signifie également « entre » dans le sens le plus général.

Les liens de solidarité du **digente** s'expriment parfaitement dans le proverbe **nit, nitay garabam** (« l'homme est le remède de l'homme »), à l'opposé de la formule de Sartre « l'enfer, c'est les autres ».

Le terme wolof **teranga**, souvent traduit par « hospitalité », a, en réalité, un sens plus large et désigne cet esprit et ce devoir d'ouverture aux autres, Wolofs ou étrangers, si typique de la culture sénégalaise. L'expression **am teranga** (« avoir la teranga ») s'applique à toute personne généreuse, au cœur ouvert aux besoins de ceux qui le sollicitent.

A l'inverse, toute forme d'égoïsme est sévèrement blamée par la morale sociale qui juge inexcusable celui qui laisse dans le besoin ses parents ou amis.

Il est important de comprendre que la vigueur de ces liens sociaux éclipse quelque peu ceux que la culture occidentale établit entre l'Etat et les citoyens. Certes le sentiment national existe et se développe au Sénégal, mais l'Etat n'est pas autant perçu comme l'émanation de la nation qu'il l'est en Europe. Il subsiste sans aucun doute une barrière psychologique qui affaiblit le sens civique puisque la solidarité s'exerce, pour l'essentiel, dans un autre cadre que celui de l'Etat.

*

□ *Les Lébous*

Les Lébous ne constituent pas une véritable ethnie. Ce seraient des Wolofs originaires du Nord du Sénégal ou même du Hodh en Mauritanie. On pense qu'après avoir traversé le fleuve Sénégal, ils s'installèrent dans le Fouta puis descendirent vers le Cayor et le Baol où des conflits avec le damel les amenèrent à se retirer dans la presqu'île du Cap-Vert. Ils y instituèrent une république gérontocratique qui laisse des traces dans leurs traditions.

Les Lébous sont tous de langue maternelle wolof et se veulent fervents musulmans. Ce sont pourtant leurs croyances qui font surtout leur originalité.

Au nombre d'environ 80 000, les Lébous appartiennent à deux grandes familles, les Soumbédiounes, au nord-ouest du Cap-Vert et les Bègnes entre l'Anse Bernard et Hann. Ils sont tous pêcheurs de tradition, comme les Guet-Ndariens de Saint-Louis. La plage de Soumbédioune à Dakar est célèbre pour son marché aux poissons.

Les Lébous ont conservé le culte ancestral des génies dont l'expression la plus visible est le **ndëp**. Il s'agit d'une pratique issue d'une ancienne religion africaine, mais vidée de sa métaphysique ; c'est une thérapie psychosociale par laquelle on guérit et réintègre dans la société le malade mental supposé être possédé par des génies (appelés **rapp** ou **tuur**).

Le **tuur** est le génie ou le totem d'une famille avec lequel a été conclu un pacte d'assistance réciproque : le **tuur** protégera les membres de la famille et ceux-ci lui feront des sacrifices. Quant au **rapp**, c'est le nom générique de tous les esprits ou génies.

Le **ndëp** est un rite qui n'est pratiqué que par les femmes. Le culte des **tuur**, qui sont considérés comme des ancêtres spirituels, doit se faire régulièrement. Un autel ou un emplacement particulier est réservé dans la maison à l'ancêtre **rapp maam** (**maam** signifie « ancêtre », « grand parent »). Il existe d'autres **tuur**, ceux des villes, des quartiers, des villages etc.

Malgré l'islam, les Lébous sont restés de structure matriarcale. C'est pourquoi les **tuur** portent toujours un nom féminin, précédé de **maam**.

Le **ndëp** consiste à réconcilier l'individu avec son **tuur**, qu'il faut donc commencer par identifier.

La cérémonie peut durer plusieurs jours et commence toujours dans la nuit du dimanche au lundi ou dans celle du mercredi au jeudi. Elle est ponctuée par des chants sacrés, les **bakk**, puis on procède à des exorcismes **(jatt)** destiné à calmer le madade. Celui-ci finit par tomber en transes, auxquelles un dernier exorcisme, le **leemu**, met définitivement fin. Pour rester en règle avec l'islam, les génies ne sont pas considérés comme des divinités mais seulement des esprits surnaturels qui peuvent être bons ou méchants.

Ces pratiques ont de nombreux points communs avec celles du vaudou, originaire du golfe de Guinée, l'actuel Bénin, et témoignent d'une ancienne communauté culturelle négro-africaine.

Une autre particularité des Lébous est qu'ils appartiennent presque tous à la communauté musulmane des Layènes. Il existe d'ailleurs peu de Layènes qui ne soient pas Lébous. Cette façon très originale de vivre l'islam a été l'objet d'une description ci-dessus, dans le paragraphe sur la religion.

*

PHARMACOPÉE SÉNÉGALAISE TRADITIONNELLE

Il a paru intéressant de présenter au lecteur un exemple typique et original de la culture africaine, en l'occurence une liste, évidemment non exhaustive, des plantes du Sénégal utilisées en pharmacie.

Toutes d'un usage courant, elles sont classées selon l'ordre alphabétique wolof et sont accompagnées d'une description de leurs principales propriétés thérapeutiques.

*
**

Bakis : (non scient. Tinospra Bakis). Le bakis est un arbuste avec des tiges d'une dizaine de mètres de haut. Au Sénégal, il pousse dans la vallée du Sénégal et en Casamance.

La racine du bakis est employée dans la thérapeutie de la fièvre jaune, des troubles hépato-biliaires, du paludisme et des bilharzioses. Elle permet une baisse notable de la température en cas de fièvre et favorise en outre la fécondité.

Benteñe : Fromager, faux Kapotier, Kapotier à fleurs blanches. (Nom scient. Ceiba Pentadra). C'est le plus grand arbre. Il atteint parfois jusqu'à 40 m. Il pousse en Casamance, dans les Niayes. Le benteñe est utilisé dans la thérapeutie des maux de ventre, des blessures, de la conjonctivite, des abcès dentaires, etc.

Bisaab ou **Basaap** : Oseille de guinée (nom scient., Hibiscus Sabdariffa). Le bisaab est une plante à tige verte ou rougeâtre comme les pétales de la corolle. Le bisaab très répandu au Sénégal et serait originaire de l'Amérique centrale. Utilisé dans la cuisine sénégalaise, le bisaab facilite la digestion, combat la fatigue et la constipation. Il est utilisé aussi comme boisson rafraichissante. En poudre ou en décoction, les feuilles sont utilisées pour soigner les plaies et les blessures. Elles ont le pouvoir de faire baisser la pression sanguine, de purger le patient, de combattre les affections microbiennes etc. Appelé encore thé rose, le bisaab peut-être consommé froid ou chaud avec ou sans sucre.

Bentamaare ou **Xobu Ajjana** : herbe puante, café nègre, faux kinkéliba (nom scient., Cassia occidentalis). Cette herbe se dresse sur environ 1 mètre de haut avec des tiges vertes et des fleurs jaunes. Elle pousse partout au Sénégal. Elle est très appréciée des Sénégalais utilisée par les matrones accoucheuses et les guérisseurs.

Sont aussi bien employées les graines, les feuilles que les racines et parfois la plante entière. Les graines remplacent souvent le café. Les feuilles utilisées comme boisson ont la vertu de faire tomber la fièvre, de faire suer, etc.

Utilisées aussi par les femmes enceintes, elles facilitent l'accouchement en favorisant les contractions de l'utérus. Avec le beurre de Karité, préparées sous forme d'onguent, elles combattent les paralysies et les rhumatismes. Les racines utilisées avec une certaine pratique magique combattent la stérilité féminine. Parfois c'est la plante entière qui est utilisée contre la stérilité, l'impuissance, les maladies vénériennes, le paludisme, les rhumatismes, les paralysies, les brûlures, les maladies occulaires, etc. Elle sert aussi comme contraceptif.

Darkase ou **Darkasu** : Anacardier, Pommier cajou (nom scient. Anarcardium). Le Darkase est un arbre originaire de l'Amérique tropicale. Cet arbre se rencontre surtout dans la région du Sine-Saloum. Pour les Wolofs, c'est la partie charnue (pomme de cajou) supportée par le fruit (noix de cajou : xooxu darkas) qui représente en fait le fruit. L'écorce de cet arbre est aussi bien utilisée pour la médecine populaire que pour la médecine des guérisseurs ; elle a des vertus antidysenteriques. Le fruit est utilisé aussi pour le traitement des ulcères, des maux de dents. Le suc est utilisé contre la lèpre.

Daqaar : Tamarinier (nom scient. Tamarindus indica). C'est un arbre pouvant atteindre jusqu'à 15 mètres et qu'on trouve dans tout le Sénégal. Le Daqaar régulièrement présent dans la cuisine sénégalaise est aussi bien utilisé dans certaines pratiques magiques que par les guérisseurs ou la médecine populaire. Dans cette dernière, il sert de laxatif. La pulpe sert aussi comme purgatif, comme fébrifuge et comme calmant de la soif. Quand au fruit, il sert dans le traitement de la lèpre et de la syphillis. Certaines préparations avec l'écorce ou les feuilles sont utilisées dans le traitement de l'ulcère.

Danq : (nom scient. Détérium microcarpum ou Détarium sénégalaise). Le Danq est un arbre pouvant atteindre jusqu'à 9 m qu'on rencontre beaucoup dans la région de Tambacounda, en Casamance et dans le Saloum. Son écorce a des propriétés diurétiques. L'arbre en général a plusieurs fonctions. Selon les préparations, il est utilisé pour les traitements des diarrhées, des hémorroïdes, de la lèpre, des maladies vénériennes, des rhumatismes, de l'impuissance et de la stérilité.

Dimb : Poirier du Cayor (nom scient. Cordyla-pinnata). Arbre atteignant parfois jusqu'à 15 m ; on le trouve en abondance du côté de Kidira.

Les écorces et les racines du Dimb ont des vertus purgatives. La décoction sert à traiter les coliques tandis que les feuilles macérées ont des vertus fortifiantes, diurétiques. Les feuilles pilées servent à traiter les abcès par des cataplasmes. Les racines auraient aussi des propriétés aphrodisiaques et sont utilisées dans le traitement de certains troubles digestifs et abdominaux. La poudre d'écorce fraîche sert de remède contre les céphalées, coryzas et rhinites.

Ditax : (nom scient. Détarium Sénégalense).

Le Ditax est un grand arbre pouvant atteindre jusqu'à 30 m. On le rencontre en Casamance et dans les Niayes.

L'écorce du tronc est utilisé contre les coliques et les obstructions intestinales. Macérée, l'écorce sert dans le traitement des bronchites, des pneumonies, des maux de ventre et de la lèpre.

Dugoor : Pomme cannelle du Sénégal, Annone (nom scient. Annona Senegalensis). C'est un petit arbre atteigant jusqu'à quatre mètres ; à maturité le fruit est jaune ; la chair qui enveloppe les pépins est jaune et sucrée. Le fruit ne rentre pas dans la thérapie. Les écorces et les tiges de cet arbuste aident à combattre la diarrhée, la dysenterie. Les peuilles et les racines sont utilisées dans le traitement du paludisme, des maladies respiratoires, des oreillons, des maladies occulaires, des dermatoses, des ulcères, des rhumatisme, de la blennoragie, etc.

La poudre de l'écorce sert à combattre la stérilité, les rhumatismes, et les douleurs articulaires. Elle accroit d'autre part la sécrétion lactée. Quant aux racines, elles servent à calmer les fièvres et à traiter la syphilis.

Fuddën : Henné (nom scient. Lawsonia inermis). C'est un arbuste pouvant atteindre jusqu'à 4 m, très répandu dans les villages sénégalais.

Sur le plan strictement esthétique, la décoction des feuilles de henné est surtout utilisé par les femmes pour teindre les pieds, les mains et les cheveux. Il est utilisé dans la médecine sous forme de boisson contre le rhumatisme articulaire, contre les séquelles des couches difficiles ou les suites d'un avortement. Le henné est utilisé aussi dans le traitement des foulures du doigt, l'ankylose des articulation, etc.

Gerte : arachide, cacahuète, pistache de terre. C'est une herbe qui atteint à peu près 30 cm de haut. Sa tige est poilue. Ses fruits poussent sur les racines, dans la terre. Il faut noter qu'elle est abondamment produite au Sénégal et qu'elle constitue la principale source de recettes du pays. En pharmacopée, diverses utilisation sont faites des feuilles, graines, écorces ou racine du gerte. Le gerte peut servir contre les crises de hoquet, contre le venin, contre les maladies oculaires.

Curo : Kolatier (nom scient. cola nitida). Arbre pouvant atteindre 4 à 10 m de haut selon les pays. Il pousse en Côte-d'Ivoire, au Ghana, au Sénégal (Casamance maritime jusqu'à Sédhiou) au Sénégal, la graine ou noix est appelée « doomu guro ». La noix de la cola peut être rouge, blanche ou rose...

Le jus de fruit est utilisé par les femmes enceintes pour accoucher sans douleur. Quant aux racines de l'arbre, elles servent du cure-dents. Une bonne partie de la population sénégalaise adore mastiquer la noix de cola qui serait tonifiante, stimulante, hypnofuge, aphrodisiaque.

Jinjeer : Gingimbre (nom scient. Zingibier, officinale Roscose). C'est une plante d'environ 20 cm de hauteur qu'on trouve en Casamance. Il est populairement consommé sous forme de boisson rafraichissante ; il entre dans la préparation de certains repas ; parfois, il est tout simplement mastiqué comme la cola, on prête au « Jinjeer » des vertus euphorisantes, stimulantes et aphrodisiaques.

Kaarité : Karité, arbre à beurre (nom scient. Butyrospermum). Ce petit arbre qui atteint 9 à 10 m de haut se rencontre à l'est du Sénégal (Tambacounda, Kédougou, Casamance...). Au Sénégal, le terme « kaarité » désigne le beurre de karité. Ce beurre est appliqué en onction pour les foulures, entorses, courbatures, rhumatismes, la fatigue musculaire et le massage des bébés. Enfin, il sert de pommade. Il entre parfois dans certaines préparations culinaires. Avec ses feuilles, on combat la migraine.

Layduur : Séné du Sénégal (nom scient. Cassia italiea).

Le layduur est un arbrisseau d'à peu près 50 cm qui pousse dans le Sahel. Il est particulièrement recherché pour ses vertus laxatives et purgatives. L'Europe l'a découvert au IXᵉ siècle par l'intermédiaire des Arabes. Ainsi il est utilisé contre les constipations, les affections hépato-biliaires, les maladies vénériennes.

Mbep : Mbep, gommier mbep, platane du Sénégal (nom scient. Sterculia tomentosa).

C'est un arbre d'environ 12 m de haut que l'on rencontre à Kaolack, Kidira, Bakel, dans le Sahel, le Cayoor, le Jolof, le Ferlo et en Casamance. Son écorce a des vertus calmantes et diurétiques. Elle sert aussi dans le traitement de la toux, des états fébriles, des broncho et pneumopathies. Quant à la gomme, elle est utilisée comme fébrifuge. Dans le traitement des coryzas et bronchites, la poudre d'écorce du mbep mélangée aux racines de kinkéliba se révèle très efficace.

La macération d'écorce de racines de mbep et du kapokier à fleurs rouges est utilisée comme diurétique très efficace. La macération d'écorce est aussi employée contre la coqueluche et le rachitisme chez les bébés. Avec une certaine préparation, la poudre d'écorce est utilisée dans le traitement de la lèpre.

Nebneb ou **Nepnep** : (nom scient. Acacia nilotica). C'est un arbre de 10 à 12 m avec des gousses atteignant 12 à 15 cm qu'on rencontre dans la vallée et le delta du Sénégal. Les préparations à base de fruit, de graines, ou de racines sont utilisées dans le traitement de la dysenterie. Avec les fruits, on fabrique une poudre cicatrisante utilisée aussi pour les plaies de la circoncision.

Sexew ou **Sexaw** ou **Dute Kinkeliba** : Kinkéliba (nom scient-.Combretum micranthum). C'est un arbuste brun rougeâtre atteignant 15 à 20 m qui se rencontre en Casamance, à Thiès...

Sexew ou **Sexaw** ou **Dute Kinkeliba** : Kinkéliba (nom scient. Combretum micranthum). C'est un arbuste brun rougeâtre atteignant 15 à 20 m qui se rencontre en Casamance, à Thiès...

La décoction jouit d'une très grande faveur au Sénégal surtout pour le petit déjeuner. Médicinalement, il est utilisé parfois avec le « rat » (combrétum glutinosum) dans le traitement de la toux, des bronchites, du paludisme, de la fièvre bilieuse...

Ses feuilles préparées avec d'autres essences, rentrent dans le traitement du béribéri, des diarrhées infantiles, des hémorragies, de la lèpre, des rhumatismes, des blennoragies.

Ses racines sont recommandées aux femmes stériles. Ses écorces sont utilisées dans les contusions, les entorses.

Tiir : Huile de palme, est fabriquée à partir de la pulpe du fruit du palmier à huile (nom scient. Elaeis guineensis) qui est un arbre atteignant jusqu'à 20 m de haut. On le rencontre en Casamance, dans les Niayes près de Dakar, dans le Sénégal oriental et au Niokolokoba. L'huile palmiste, le vin de palme et d'autres huiles sont tous des produits tirés du palmier à huile.

L'huile de palme sert pour la friction contre les courbatures et rhumatismes. Elle est utilisée aussi comme boisson et pour des bains locaux contre les orchites. Elle est particulièrement recommandée dans le traitement des furoncles, abcès, entorces, etc. Ces racines rentrent dans les préparations antisyphiliques.

Xorompoie : (nom scient. Zanthoxyloides). C'est un petit arbre d'environ 7 m de haut ayant une agréable odeur très aromatique. On le rencontre en Casamance, et dans les Niayes. Il est considéré comme très efficace contre les parasites de toutes sortes. Ses feuilles et ses racines sont utilisées dans le traitement des entérites, dysenteries, diarrhées, vers intestinaux, utérites. Les racines sont utilisées parfois toutes seules, en préparation externe, pour les ulcères, le pian, les plaies suppurantes, les morsures de serpents. Les feuilles s'emploient pour les stomatites, gingivites et caries ; les racines servent de cure-dents (soccu).

VOCABULAIRE FRANÇAIS-WOLOF

Nous limiterons ce vocabulaire aux mots de la conversation la plus courante, soit environ 500 mots. Il n'est pas utile en effet, compte tenu de l'excellente connaissance du français qu'ont tous les Sénégalais cultivés, d'alourdir un vocabulaire dont l'objet est surtout de faciliter une première approche. Ceci nous a d'ailleurs permis de classer les mots par thèmes, ce qui est souvent plus pratique. Nous avons fait une place relativement large aux noms de plantes et d'animaux qu'il est utile de connaître au cours des conversations avec les paysans ou les chasseurs.

Nous renvoyons le lecteur au chapitre sur l'écriture du wolof pour la prononciation des mots de ce vocabulaire et au lexique wolof-français, bien plus complet, pour les précisions de sens qui s'avèreraient nécessaires, notamment quand un mot français peut se traduire par plusieurs mots wolofs.

*

□ *Vocabulaire de base*

Mots-clés

oui	**waaw**
non	**deedeet**
et	**ak, ag**
ou	**walla ; mbaa**
si (condition)	**su**
bonjour	**jamm nga fanaan**

bonsoir	**jamm nga yendo**
bonne nuit	**fanaanal nak jamm**
merci	**jërëjëf ; jaafëf**
au revoir	**jamm ak jamm ; ci jamm**

Interrogatifs

qui... ?	**kan... ? ku... ?**
quoi... ?	**lan... ?**
quel... ?	**ban... ?**
quand... ?	**kañ... ?**
où... ?	**fan... ? ana... ?**
d'où... ?	**fan... ? fumu... ? foo... ?**
comment... ?	**nan... ? naka... ? numu... ? noo... ?**
combien... ?	**ñaata... ?**
pourquoi... ?	**lutax... ?**

Expressions usuelles

je veux..., je désire...	**dama bëgg...**
où se trouve... ?	**fan la... ?**
y a-t-il... ?	**am na... ?**
combien coûte... ?	**ñaata lay jar... ?**
donnez-moi...	**jox ma...**
montrez-moi...	**won ma...**
allez à...	**dem...**
attendez-moi	**nek ma**
arrêtez-vous (ici)	**taxawal (fii) ; yamal (fii)**
je ne sais pas	**xawma ; xamuma**
il n'y en a pas	**amul**
comment allez-vous ?	**na nga def ?**
excusez-moi	**baal ma ; jegël ma**
s'il vous plaît	**baal ma ; sula neexee**
je vous en prie	**baal ma ; mayma**
parlez-vous (français) ?	**deg nga (faranse) ?**
parlez-vous (wolof) ?	**deg nga (wolof) ?**
bon appétit	**nasi jam bare ; na reesak jam**
je ne peux pas,	**mënu mako ; mënul am ; mënul nek**

Adverbes

beaucoup	**bare**
peu	**tuuti**
assez	**doy**
trop	**ëp**

très	**lool**
aussi	**itam**
encore	**waat**
peut-être	**xëyna**
jamais	**mukk**
toujours	**bes bu nekk**
maintenant	**tay ; leegi**
ensemble	**andando**
ici	**fii**
là	**foofu**
en bas	**ci suuf**
en haut	**ci kaw**
à droite	**ci ndayjoor**
à gauche	**ci cammooñ**
tout droit	**talal**
devant	**ci kanam**
derrière	**ci ganaaw**
près	**ci wettu**
loin	**sore**
vite	**gaaw**
lentement	**nank**

Pronoms (voir partie grammaticale)

je	**maa, ma**
tu	**yaw**
il, elle	**moo**
nous	**ñoo**
vous	**yeen**
ils, elles	**ñoo**
tous	**nëp**
personne	**kenn**

Prépositions

à, dans	**ci ; ca**
hors de	**biti ; ganaaw**
à partir de	**doore ci**
jusqu'à	**ba**
avant	**balaa**
après	**ganaaw**
sur	**ci kow**
sous	**ci suuf**
à coté de	**ci wettu**
entre	**ci digente**
au milieu de	**ci diggu**
avec	**ak**

sans	**ñak**
pour	**ngir ; pur**

Nombres

1	**benn**
2	**ñaar**
3	**ñatt**
4	**ñeent ; ñenent**
5	**juroom**
6	**juroom benn**
7	**juroom ñaar**
8	**juroom ñatt**
9	**juroom ñeent**
10	**fukk**
11	**fukk ak benn**
12	**fukk ak ñaar**
13	**fukk ak ñatt**
14	**fukk ak ñeent**
15	**fukk ak juroom**
16	**fukk ak juroom benn**
17	**fukk ak juroom ñaar**
18	**fukk ak juroom ñatt**
19	**fukk ak juroom ñeent**
20	**ñaar fukk**
21	**ñaar fukk ak benn**
25	**ñaar fukk ak juroom**
30	**fan weer**
40	**ñeen fukk**
50	**juroom fukk**
60	**juroom benn fukk**
70	**juroom ñaar fukk**
80	**juroom ñatt fukk**
90	**juroom ñeent fukk**
100	**temeer**
1 000	**junne**
10 000	**fukk junne**
1/2	**genn wall**
1er	**jëk ; pee**
2e	**ñareel**
3e	**ñateel**

Temps

année	**at**
mois	**weer**
semaine	**ay bes ; ayubes**

jour	**bes ; fan**
heure	**waxtu**
aujourd'hui	**tay ; tey**
demain	**subë ; ëlëk**
hier	**demb**
dimanche	**dibeer**
lundi	**altine**
mardi	**talata**
mercredi	**alarba**
jeudi	**alxames**
vendredi	**ajuma**
samedi	**aseer ; gaawu**
matin	**subë**
après-midi	**ngoon**
soir, noir	**guddi**

Verbes

avoir	**am**
être	**da (voir grammaire)**
se trouver	**nek**
aller	**dem**
venir	**dikk ; ñëw**
entrer	**dugg**
sortir	**genë**
ouvrir	**ubbi**
fermer	**tëj**
envoyer	**yonne**
apporter	**indi**
donner	**jox**
acheter	**jënd**
vendre	**jaay**
coûter	**jar**
payer	**fay ; fey**
changer	**sopi ; wecci**
montrer	**won, wone**
prendre	**sakk ; jël**
mettre, placer	**tek**
s'arrêter	**taxaw**
suivre	**top**
laisser	**bayyi**
perdre	**reer**
trouver	**gis**
faire	**def**
essayer	**jeem**
appeler	**woo ; woote ; oote**

demander	**laaj ; ñaan**
répondre	**wuyyu**
aider	**dimële ; dimbële**
accompagner	**gunge**
rencontrer	**tase**
conduire	**dawal**
habiter	**dëkk**
vouloir	**bëgg**
pouvoir	**mën**
devoir	**wara**
choisir	**tann**
chercher	**wut**
accepter	**nangu**
refuser	**bañ**
voir	**gis**
écouter	**deglu**
comprendre	**degg**
savoir	**xam**
remercier	**gërëm ; sant**
saluer	**nuyoo**
attendre	**neg ; xaar**
parler	**lakk ; wax**
traduire	**sotti**
oublier	**fatte**
se rappeler	**fattaliku**
lire ; apprendre	**jang**
écrire	**bind**
s'appeler	**sant ; tudd**
répéter	**baamtu**
réveiller	**yeewu**
dormir	**nelaw**
aimer	**sop ; bëgg**
se baigner	**sangu**
laver	**sangu**
manger	**lekk**
boire	**naan**
cuire	**togg ; tay (à la vapeur)**
bouillir	**baxal**
repasser (vêtement)	**fudd ; paase**
coudre	**ñaw**
couper	**dogg ; dagg**
compter	**wañi**
réparer, rapiécer	**daax**
allumer	**taal**
éteindre	**fay**
commencer	**tambali**
finir	**pare**

construire **tabax**

Géographie et nature

Nord	**bëj gannaar**
Sud	**bëj ganjool**
Est	**penku**
Ouest	**sowu jant**
ciel	**asamaan**
soleil	**jant**
lune	**weer**
pluie	**taw**
vent	**ngelaw**
nuage	**niir**
pays	**reew**
terre	**suuf**
mer	**geej**
côte, plage	**xeru geej**
montagne, colline	**tund**
rivière	**dex**
source	**bël**
puits	**teen**
jardin	**tool**
campagne ; brousse	**alë**
forêt	**alë**
arbre	**garab**

Transports

voiture, auto	**daamaar ; oto**
bicyclette	**biskalet**
garage	**gaaraas**
train	**saxaar**
gare	**teeru**
avion	**ballong (fr : « ballon »)**
bateau	**gaal**
direction	**yoon**
rue, route, chemin	**mbed**
grand'route	**tali (fr. : « talus »)**
arrivée	**aksi**
départ	**dem**

Nourriture **lekk**

boisson	**naan**
eau	**ndox**

lait	**meew**
thé	**ataya**
café	**kafe**
bière	**beer**
vin de palme	**sëng**
viande	**yapp**
bœuf	**nak**
mouton	**xar**
agneau	**mbote**
porc	**mbaam**
poisson	**jën**
crabe	**koti**
crevette	**sipax**
œuf	**nenn**
fromage	**formas**
poulet	**ganaar**
pain	**mburu**
gâteau	**ngato**
biscuit	**bongbong**
légume	**yusew**
pomme de terre	**pombiteer**
tomate	**tamate**
riz	**ceeb**
farine	**sunguf**
citron	**limong**
sucre	**sukër**
sel	**xorom**
poivre	**poobar**
piment	**kaani**
beurre	**dax**
huile	**dëwlin**
vinaigre	**bineegar**
ail	**laac**

Hôtel, restaurant

petit déjeuner	**ndekki**
déjeuner	**añ**
dîner	**reer**
bouteille	**buteel**
verre	**kaas**
bol	**ndap**
assiette	**aset ; ndap**
couteau	**paaka**
fourchette	**furset**
cuillère	**kuddu**
chambre	**neek**

lit	**lal**
drap	**darap**
couverture	**mbaj**
oreiller	**ñeganaay**
serviette	**sarbet**
savon	**saabu**
bain	**sangu**
note, addition	**pay, pey**

Vie domestique

maison	**kër**
étage	**etaas**
adresse	**adrees**
porte	**bunt**
clé	**caabi**
loyer	**luyaas**
papier	**kayit**
livre	**teere**
lumière	**leer**
lampe	**gamb ; lamp**
table	**taabal**
chaise	**siis**
tapis	**ndes**
toilettes	**wanak**
habillement	**colko ; yëre**
souliers	**dall**
pantalon	**caaya ; tubey**
chemise	**turki**
coton	**wateen ; wëteen**
soie	**sooy**
fil	**vëñ**
aiguille	**puso**
allumettes	**almet**
feu	**safara**
bruit	**coow**
bijoux	**takaay**

Relations humaines

Monsieur	**goor gi**
Madame	**suma jigeen ; jigeenji**
nom et prénom	**tur**
nom de famille	**sant**

ami	**xarit**
amitié	**xaritoo**
amour	**mbëgeel ; sope**
hôte	**gan**
hospitalité	**nganeel ; teranga**
homme (général)	**nit**
homme	**goor**
femme	**jigeen**
famille	**nâboot**
mari	**jëkër**
épouse	**jabar**
enfant	**xaleel, doom**
parents	**mbokk**
père	**baay**
mère	**nday ; ndey**
frère ou sœur (aîné)	**mag**
fils	**doom bu goor**
fille	**doom bu jigeen ; janq**
jeune fille	**xale bu jigeen**
jeune homme	**waxe maane**

Vie en société

vie	**aduna ; dunyaa**
mort	**dee**
paix	**jam**
guerre	**xare ; xeex**
lutte	**bëre**
force	**doole**
attention	**nank**
vol	**sac**
voleur	**sackat**
aide	**ndimbël**
secours	**wallu**
conseil	**yed**
renseignement	**xabaar**
rendez-vous	**ndaje**

Economie — kom-kom

agriculture	**mbay**
commerce	**njaay**
marché	**ja**
boutique	**butig**
travail	**ligeey**
construction	**tabax**

argent	**xaalis**
or	**wurus**
prix	**njëk**
impôts	**asaka**
crédit ; dette	**bor**
emprunter, faire un crédit	**lep**

Professions

travailleur	**ligeeykat**
paysan	**baykat**
propriétaire	**boroom**
médecin	**fackat**
tailleur	**ñawkat**
réparateur	**defarkat**
cuisinier	**toggkat**
femme de ménage ; bonne	**mindaan**
journaliste	**taskatu xabaar**
écrivain	**bindkat**
étudiant	**taalibe ; jangkat**
cordonnier	**wuude**
tisserand	**rabb**

Politique

Etat	**Nguur**
peuple	**xeet**
président	**njiit**
majorité	**ñi ëp ; masorite**
opposition	**ñi bañ ; opasito**
révolution	**jokk ; taxaw**
progrès	**yokute**
enseignement	**njang ; njangale**
école coranique	**daara ; jangu**
université	**daara ju mak**

Religion

Dieu	**Yalla**
mosquée	**jakka**
disciple	**talibe ; fere ; nongo**
marabout	**seriñ**
prière	**julli ; ñaan**

Parties du corps

tête	**bopp**

corps	yaram
bras	loxo
jambe	yeel
main	loxo
pied	tank
cœur	xol
estomac	baqq
poumon	xëtër
intestin	butit
œil	bët
oreille	nopp
nez	bakkan
bouche	gemiñ
lèvre	tuñ
dent	bëñ
langue	lamiñ
peau	der
cheveux	karaw
genou	oom
coude	concu

Animaux	**baayima**
cheval	fas
chien	xaj
mouton	xar
bœuf	yëk
vache	nak
âne	mbaam sëf
cochon	mbaam
chèvre	beyn, bëy
lapin	njombar
lièvre	lëk
pigeon	petax
canard	xanqeel
pintade	kopin
oiseau	picc
antilope	kewël
phacochère (cohon de brousse)	mbaam all
singe	golo
éléphant	ñay
girafe	ñamala
lion	gaynde
panthère	segg
hyène	bukki
chacal	till

crocodile	**jësik**
serpent	**jaan**
lézard	**sindax**
mouche	**weñ**
moustique	**yoo**

Plantes	**sexewaay**
baobab	**guy**
rônier	**ron**
acajou	**darkasu**
arachide	**gerte ; areen**
épinards	**mbuum**
oignons	**soble**
piment	**kaani**
dattes, dattier	**tandarma**
mil	**dugub**
riz	**ceeb**
haricot	**sëb ; ñebbe**

Adjectifs

lointain	**sore**
proche	**joge**
possible	**mën am ; mën nek**
impossible	**mënul am ; mënul nek**
cher	**jafe ; seer**
bon marché	**yomb**
vrai	**dëg**
faux	**fen**
facile	**yomb**
difficile	**jafe**
fatigué	**sonn**
malade	**feebar**
sale	**tilim**
propre	**set**
cassé ; brisé	**toj**
interdit	**teere**
étranger	**gan ; ndoxandeem**
seul	**ken**
autre	**kaneen**
fort	**bare doole tal**
heureux	**beg**
jeune	**xale**
nouveau	**bees**
vieux	**magat**
petit	**tuuti**

grand	**mag ; rëy**
haut	**kawe**
bas	**suufe**
long	**gud**
large	**yaatu**
beau, joli	**rafet**
laid	**ñaaw**
bon	**baax**
mauvais	**bon**
froid	**sed**
chaud	**tang**
cuit, bien cuit	**ñor**
cru	**ñorul**
peu cuit	**des ñor**
mûr	**ñor**
noir	**ñuul**
blanc	**weex**
rouge	**xonq**
plein	**fees**
vide	**feesul**
rapide	**gaaw**
lent	**yeex**
affamé	**xiif**
assoifé	**mar**

ORGANISME SÉNÉGALAIS CONCERNÉS PAR L'ÉTUDE DU WOLOF

Diverses institutions travaillent à l'étude, à l'enseignement ou à la vulgarisation du wolof. Elles publient différents livres, périodiques ou revues qui pourront intéresser le lecteur.

— **Centre de linguistique appliquée de Dakar** (CLAD), Université de Dakar, Fann (tél. : 230126, 230639) :
  Périodique : « Réalités africaines et langue française »
  Collection : « Le français au Sénégal »
  Ouvrage didactique : « jangum wolof », méthode scolaire de wolof

— **Département de linguistique générale et de langues négro-africaines**, Université de Dakar, Fann (tél. : 225073, 216360) :
  Collection : documents linguistiques

— **Direction de la formation pratique** (DFP), Division « alphabétisation », (29 rue Vincent, Dakar ; tél. : 222217, 231088) :
  Diverses publications sur la vie sociale, culturelle et économique

— **Ecole normale supérieure** (BP 5036, Bd. Habib Bourguiba, Dakar-Fann ; tél. : 212242) :
  Diverses activités linguistiques appliquées à l'enseignement.

*

LEXIQUE WOLOF-FRANÇAIS

Le classement aphabétique des mots wolofs se heurte à quelques difficultés liées à une relative imprécision de l'orthographe.

Le système d'écriture que les linguistiques ont fait officiellement adopter a l'avantage d'être phonétique, c'est-à-dire qu'il reflète la prononciation et non des règles orthographiques fixées, comme en français, par l'usage et l'étymologie. Certes cette orthographe phonétique du wolof est destinée à devenir l'unique référence, mais l'écriture en alphabet latin est encore trop récente et trop peu répandue pour que l'orthographe soit définitivement fixée. Il ne faut donc pas s'étonner de l'existence assez nombreuses variantes qui tiennent à des perceptions différentes de la prononciation d'un même mot par ceux qui l'écrivent. Ainsi l'intensification d'une consonne ou l'allongement d'une voyelle, qui doivent se traduire dans l'écriture par le doublement de la lettre, ne sont pas toujours perçues ni respectées.

Il en résulte qu'en cas de difficulté pour trouver un mot wolof dans le lexique, le lecteur aura intérêt à rechercher si ce mot ne figure pas ailleurs, avec une voyelle allongée ou une consonne redoublée.

Compte tenu de la grande diversité des articles en wolof, nous avons indiqué cet article entre parenthèse après chaque nom.

Enfin nous avons indiqué le cas échéant l'origine étrangère des mots empruntés (français ou arabe).

Nota : les lettres *ë* et ñ, distinctes de *e* et *n*, sont placées respectivement après celles-ci dans l'ordre aphabétique.

A

Aada : coutumes, mœurs

Aadama: Adam (prénom de personne)

Aal: prêter

Aama : prénom de personne

Aañ : jeu pour jeunes filles (l'une d'entre elles se place au milieu d'une ronde et la jeune fille qui lui fait face devine ses gestes)

Aat: suffixe verbal marquant la répétition. Exp. : *def*, « faire » — *defaat*, « refaire » (faire de nouveau).

Aawa (bi) : première épouse dans un mariage polygame

Aay : être mauvais, avare, agité

Aaye : prendre son tour, recevoir son mari (polygamie)

Ab : un(e) (indéfini)

Abb : emprunter

Adduna ou **Addina** : monde (arabe)

Afeer (bi) : affaire, employé aussi pour rendre le pronom possessif : **afeeram**, « le sien »

Afeeri ou **Afeeru** : affaire de

Ag : et, avec (v.ak)

Agg : arriver, effronté

Agsi : arriver

Aïda : prénom de personne

Ajaa : femme ayant fait le pélerinage de la Mecque ; par extension, dame

Ajjana (ji) : paradis (arabe)

Ajjuma (ji) : vendredi (arabe)

Aju : s'accrocher, suspendu

Ak : avec, et

— **Al** : suffixe verbal de destination (ex : *defal*, « faire pour qelqu'un »)

— **Al** : suffixe verbal de l'impératif (ex : *defal*, « fais »)

Alarba (ji) : mercredi (arabe)

Alal (ji) : bien ; fortune

Alkaati (bi) : policier (arabe *al qadi*, juge)

Alkol (bi) : alcool

All (bi) : brousse, savane

Allaaxira ou **laxira** : l'au-delà (arabe)

Alluwa (bi) : ardoise, tablette des écoliers de l'école coranique

Altine (ji) : lundi (arabe)

Alxames (ji) : jeudi (arabe)

Alxuraan (bi) : coran (arabe)

Am : avoir, appartenir, tenir, posséder, détenir

Am : suffixe de la 3e personne du possessif (son, sa)

Amaana : c'est-à-dire

Am-am : richesse, ressources (redoublement du verbe am)

Ame : avoir avec soi ; parler en mal de quelqu'un tout le temps (souvent en son absence)

Amoon : avoir au passé ; dans les contes : il fut...

Ana : où (est...) ?

And : accompagner

Andal : accompagner

Andandoo : compagnon, camarade ; être ensemble

Añ (bi) : déjeuner (nom et verbe)

Aqq : droit, tort (ex : *gaddu aqq* : « faire du tort ») (arabe)

Araam : interjection indiquant une négation (de l'arabe *haram*, « interdit »

Aram : prénom de femme

Araw (bi) : boulettes de farine de mil servant à la préparation du *laax* ou du *fonde*.

Are (bi) arrêt (bus) (français)

Areen (bi) : arachide

Armal (bi) : sacralisation (cérémonie du pèlerinage à la Mecque)

Armeel (yi) : cimetière

As : un(e) (indéfini) voir « aw »

Asalaamu alaykum : bonjour (arabe)

Asamaan (si) : ciel (arabe)

Askan (awi) : lignée

At (mi) : an, année

Attaaya (bi, ji) : thé (arabe)

Attan : supporter, être capable de

Atte : séparer des personnes qui se battent ; juger ;

Atte (bi) : jugement de Dieu, destin.

Atum : année de (ex : *atum bekoor*, « année de disette » ; *atum naatange* : « année d'abondance »)

Aw : un(e) (article indéfini)

Ay : querelle, des (article indéfini pluriel)

Ayubes : semaine

B

Ba : jusqu'à (ex : *ba baneen*, « jusqu'à la prochaine fois », « à la prochaine » ; *ba leegi*, jusqu'à présent

Ba : article ; quand (au passé), marque de l'éloignement

Ba : laisser abandonner. Voir bayyi

Baadoolo : prolétaire, « pauvre type »

Baal : excuse, excuser

Baalma : pardon, excusez-moi

Baaraam (bi) : doigt

Baasi (bi) couscous à la viande ; sorgho, gros mil

Baat (bi) : voix, accord, cou, parole

Baawa (bi) : gardien et protecteur des circoncis

Baax : bon, gentil, être bon (ex : *baaxna*, « c'est bien »)

Baay (bi) : père, oncle paternel ou cousin du père

Bacc : battre (épis), essorer (linge)

Bagaas (bi) : bagage (français)

Bajjan (bi) : tante paternelle

Bajjo (bi) : enfant dont la mère est décédée

Bakkaar (bi) : péché

Bakk (bi) : exhibition de lutteurs avant et après le combat

Bakkan (bi) ; nez

Balaa : avant que

Bale (bi) : balais (français)

Ballu : s'excuser

Bammeel (bi) : tombe

Ban : lequel ; argile

Banaana (bi) : banane

Banaana (gi) : bananier

Bant : bois, morceau de bois

Bant sukër : canne à sucre

Bañ : refuser, détester, haïr

Baqq (bi) estomac ; sol trempé

Barap (bi) : endroit, lieu

Bare : être nombreux, beaucoup

Barigo (bi) : fût, barique (français)

Bataaxal (bi) : lettre (missive)

Batañse (bi) : aubergine

Batey : jusqu'à présent

Battu (bi) : cuillère creuse en bois

Bax : bouillir

Baxal : faire bouillir

Baxooñ (bi) : corbeau ; branchies (poisson)

Bay : cultiver un champ (on dit aussi bey)

Bayagg : à peu près

Bayyeeku : se laisser aller ; être amorphe

Bayyi : libérer, laisser, abandonner

Bayyikoo : venir de, provenir de

Bee : celui-la

Bees: être neuf, (*bu bees*, « qui est nouveau »)

Beg : être gai

Bejaaw (yi) : cheveux blanchis

Bekoor (bi) : famine, disette

Beneen : autre

Benn (bi) : un(e), unique

Benteñee (bi) : fromager, kapokier

Berëb (bi) : lieu, endroit (v. *barap*)

Beref (bi) : pépin de melon

Bes (bi) : jour

Beteex : plomb

Bey (bi) : chèvre ; cultiver

Beykat ou **baykat** : cultivateur

Bëcëg (bi) : journée

Bëgg : vouloir

Bëgg-Bëgg : désir, amour

Bëgga : vouloir (infinitif)

Bëgge : avare

Bëj: direction pour les points cardinaux (ex : bëj gannaar : Nord)

Bëñ (bi) : dent

Bër : île de Gorée

Bëre(bi) lutter, ex : *bëre simpal* « lutte simple sans frappe », *bëre door*, « lutte avec frappe »

Bërekat (bi) : lutteur

Bërki demb : avant-hier

Bët (bi) : œil (pluriel, **gët**)

Bi : quand ; article de classe

Bii : ce, celui-ci (proximité démonstratif)

Biig : la nuit dernière

Biir (bi) : ventre, enceinte (pour une femme) ; intérieur (ex : ci-biir « à l'intérieur »)

Bile : démonstratif (celui-là), ce...là

Billaay : par Dieu, au nom de Dieu (ar.)

Billooji (bi) : exorciste qui débarrasse des anthropophages

Bimu : quand, dans lequel

Bind : écrire

Bindkat(bi) : écrivain

Bisaab (bi) : oseille de Guinée, karkadé

Biti (bi) : dehors, (ex : *bitibi dafa sedd* : « Il fait froid dehors »)

Bitik (bi) : commerce (français « boutique »)

Bobbëli : bailler (voir obbëli)

Bokk : appartenir

Bokkaale : associer

Bon : être mauvais, méchant

Bojj : donner un coup dans le corps avec une arme tranchante, piler le riz, du mil dans le mortier pour retirer l'enveloppe de la céréale

Boo : quand ; contraction de bunga

Booba, Boobu : depuis

Book, Boog : donc

Boole : mélanger

Booli : grand bol, pomme d'Adam

Boon : donc

Boor (bi) : bord (français)

Boot : porter sur le dos

Booy : quand tu

Bopp (bi) : tête

Bori : saigner du nez

Boroom (bi) : propriétaire, maître (ex : *sunu boroom* : « Notre maître », « notre Seigneur », « notre Dieu ». *Boroom taksi* : « chauffeur de taxi »)

Bos : possessif (sa bos : le tien, la tienne ; bosam : le sien, la sienne)

Boyet (bi) : boîte (français)

Bu : qui est, quand, article, conjonction (temps ou condition)

Bu + pronom objet marque la négation

Bubaax : bien

Bujëkk : jadis

Bujëkkoon : auparavant

Bukki (bi) : hyène

Bul : auxiliaire de l'impératif négatif singulier (ex : *bul dem*, « ne pars pas »)

Bul : suer abondamment des mains et pieds

Bune, bunekk : chaque
Bunt (bi) : porte
Buteel (bi) : bouteille (français)
Butig (bi) : boutique (v. *bitik*)
Butit : boyau, viscères, matrice
Buum : ficelle, corde, liens conjugaux
Buur (bi) : roi
Buyy (bi) : fruit du baobab, pain de singe
Buyyag : jadis

C

Ca : dans, sur, etc. (avec l'idée d'éloignement)
Caabi (ji) : clé
Cacc (gi) : vol
Caas (bi) : ligne (pêche) ; nerf
Caaf (bi, ji) : arachide grillée
Caat (bi) : cadet
Caaxaan : bagatelle, plaisanter
Caaya (ji) : pantalon bouffant
Caga (bi) : femme à la recherche d'un mari ; prostituée
Camiñ : frère, ce terme n'est utilisé que par les femmes
Cammooñ: gauche, (*loxo cammooñ* : « main gauche »)
Carax (bi) : sandale, tapette
Cax (bi) : devinette
Ceeb (bi) : riz
Ceebu jën (bi) : riz au poisson
Ceem : cimetière
Ceet (bi) : action de voir ou de regarder
Ceddo (bi) : du temps des royaumes wolofs : guerrier recruté parmi les esclaves ou pauvres paysans
Cere (ji) : couscous
Cër : part

Cëyt : nuit de noces

Ci : préposition (« dans », « sur », « au sujet de » etc.) (idée de rapprochement) (ex : *ci suuf* « sous », *ci kanam* « devant », *ci biti* « dehors », etc.)

Ciin (gi) : gencive

Cin (li) : marmite, cuisson

Colko (gi) : habillement, accoutrement

Concu (bi) : coude

Coono (gi) : fatigue, souffrance

Coow (li) : clameur, parole vaine

Coron : printemps

Cosaan : origine, passé

Curaay (bi) : encens

Cuuc (bi) : poussin

D

Da : déclaratif, auxiliaire

Daa : il est

Daac : clouer, frapper, taper, enfoncer un clou

Daagu : traîner, ne pas se presser

Daal : certes

Daan : terrasser, gagner (une compétition) ; auxiliaire du passé

Daanaka : pour ainsi dire

Daanu : être battu, être tombé dans l'oubli ; tomber

Daañu : contraction de *da nañu*

Daara (ji) : école, coranique ; par extension : école en général

Daax : rapiécer, réparer

Daaw : année écoulée

Daay (ji) : feu de brousse

Dafa : il est

Dafaa : dafay : être en train de faire quelque chose (forme de l'inaccompli), 3e pers. du sing.

Dagan : licite

Dagg : couper, tomber amoureux (*Daggat* : « Couper en plusieurs morceaux)

Dagg-dagg : coupure

Dajale : assembler, rassembler

Dajaloo : se rassembler, rassemblé

Daje : se rassembler, se réunir

Daldi : aussitôt que

Dall : débuter, commencer, advenir, arriver (événement) ; faire mouche

Dall (yi) : chaussures

Dama : je suis

Damm : cassé, casser

Dammeel (bi) : roi du Cayor

Damp (bi) : massage, masser

Dampu : se masser

Dank : prendre une poignée de quelque chose, faire des boulettes pour manger

Daqq : chasser, expulser, poursuivre

Daqqaar (ji) : tamarin, tamarinier (gi)

Dara quelque chose, rien

Daral (bi) : parc à bestiaux

Darkase (bi) : pomme d'acajou, (gi) pommier d'acajou

Daw : courir

Dax (bi) : beurre

Dee : mourir

Deedeet : non (on dit aussi *deet*)

Deet (voir *deedeet*)

Def : faire

Defar : fabriquer

Defe : croire

Degg : entendre, comprendre

Deglu : écouter

Dello : retourner quelque chose, rendre

Dellu : retourner

Dek (bi) : épine

Dellusi : revenir, retourner

Dem : aller, partir

Demb : hier (*Berkidemb* : avant hier)

Denga : (contraction de degg nga) : as-tu compris, as-tu entendu

Denk : confier

Deqqi : récolter les arachides, déterrer

Der (bi) : peau

Deret (ji) : sang

Dewen : année suivante

Deñ : être enlevé

Deñc : garder

Dex (gi) : rivière, fleuve

Dëbb : piler

Dëgër : dur, solide, turbulent (ex : *dëgër bopp,* « têtu »)

Dëgg : vérité

Dëkk (bi) ville, village, habiter

Dëkkënodo : voisin, habiter ensemble

Dërëm (bi) : 5 francs (arabe « dirham »)

Dëwlin, Diwlin (ji) : huile (français « de l'huile »)

Di : et (littéraire), particule du duratif et de l'inaccompli (voir grammaire)

Dibi (bi) : brochette ; fusil de traite

Dibitëri (bi) : lieu où l'on vend des brochettes

Dig : conseiller

Digal : conseiller quelqu'un

Digg (bi) : milieu centre

Diggante (bi) : distance entre deux choses ou deux personnes

Diggi : mois lunaire wolof

Diggu : milieu de

Dikk : arriver, venir

Dimbali ou **Dimbële** : aider

Dinaa : je duratif accompli, 1re pers. du sing.

Dindi : ôter, enlever, extraire

Diw : frotter, enduire, huile, beurre, corps gras, un tel, graisser

Diwlin : (v. Dëwlin)

Dof : fou

Dok, Dog : couper ; fatigué ; couper le jeûne

Dolli : ajouter

Donn : hériter

Dongo, Ndongo (bi) : élève

Dong : seulement, rien d'autre

Doo : Tu... ne... ? (ex : *Doo wax*, « ne parles-tu pas ») contraction de *Dunga, dula*

Doole (ji) : force

Doom (ji) : fils ; fruit

Doon : suffixe du passé ; être

Door : commencer, frapper

Doorati : frapper de nouveau, recommencer

Dooto : tu ne... plus

Dootu : ne... plus jamais

Dootul : il ne... plus

Dootuñu : ils ne... plus

Dox : marcher (*doxantu* : « Se promener »)

Doxaan : faire la cour

Doy : suffire (ex : *Doyna*, « assez, cela suffit »)

Du : ce n'est pas (contraction de *di-ul*, inaccompli négatif)

Dugg : entrer

Dugub : (ji) mil

Dula : auxiliaire *du* suivi du pronom *la*

Dund (gi) : vie, nourriture, subsistance, vivre

Dunga : auxiliaire *du* suivi de pronom *nga*

Dundël : nourrir, faire vivre, ressuciter

Dunu : je ne... pas

Duñu : ils ne... pas

Dunxam : géographie (science du monde)

Dute (ji) : kinkéliba (français « du thé »)
Dute-purtugees : citronnelle

E et Ë

E : suffixe du conditionnel (ex : *su deme*, « s'il part »)
Elif ou **Yelif** : être le supérieur de... ; représenter l'autorité
Egg : arriver à destination
Eggale : finir, terminer, faire entrer
Ekool (bi) : école
Ëllëg : l'avenir, plus tard
Ëllëk (ëllëg : demain, le lendemain)
Ëmb (bi) : porter un ballot, état de grossesse ; colis
Ëp : trop, large, grand, farfelu
Ëppël : exagérer
Esanseri : (« essencerie ») ; pompe à essence
Ey : interjection

F

Fa : là-bas
Faal ou **Fall** : nom de famille
Faat : secouer, tuer, dépassé
Faatu : prénom de femme
Faatu : mourir, mort, dépassé
Faayda (gi) : respectabilité
Fab : prendre ; porter (prendre à bras le corps)
Facc : se briser, éclater
Fackat (bi) : guérisseur
Fadd : abattre, tuer, se coucher (soleil)
Faddu : mourir

Faj : soigner

Faju : se soigner

Fal : élire

Fan (wi) : jour

Fanaan : passer la nuit

Fanaane : passer la nuit avec

Fanweer : 30 (trente)

Far : effacer, fiancé

Faral : auxiliaire fréquentatif. Ex : **Danaa faral di tukki** : je voyage souvent

Faral, Farale : soutenir, supporter

Fas (wi) : cheval

Fas (bi) : attache ; gri-gri en cordon ; mince ; nouer attacher

Fasu : être attaché, être amorphe

Fat : héberger, mettre à l'intérieur

Fatu : se retirer chez soi ou dans sa chambre

Fatt : boucher

Fattaliku : se souvenir

Fatte : oublier

Fatteli : rappeler

Fay : payer

Fay : quitter la maison conjugale ; éteindre

Fay : nom de famille

Fecc: danser

Feckat : danseur

Fee : là-bas, là

Feebar (bi) : maladie, fièvre, malade

Feeñ : apparaître , être retourné

Fees : plein, remplir

Feete : se trouver dans la direction, se situer

Feexlu : prendre l'air, aérer

Feey : nager

Fekk : exemple, rejoindre

Fekke : être témoin d'un événement

Fen : mentir

Fenn : nulle part

Fent : composer

Fer : perle, sevré

Fetal (bi) : fusil

Fett (gi) : flèche

Fexe : tâcher, essuyer

Fey : payer

Fëgg : frapper à la porte

Fi : où

Fiftin : « Un franc » (anglais)

Fii : ici

Fiir (gi) : piège, jalousie

Firi : commenter

Fit (wi) : force vitale externe, courage

Fo : jouer

Fokk : il faut que

Foli : destituer

Fonde : mets à base de « araw », bouillie, mélangée après cuisson avec du lait, du sucre, du beurre

F

Fonk : respecter, vénérer quelqu'un

Fontoo : se moquer de quelqu'un, s'amuser n'être pas sérieux

Fontu : s'amuser, plaisanter, ne pas se prendre au sérieux

Fonyo : gros mil

Foo : où, d'où (contraction de *funga*)

Fook : croire, appréhender

Foofa, **Foofu** : làs-bas

Foon : embrasser, flairer

Foot : lessiver

For : ramasser

Fu : où ?

Fuddën : henné

Fuddu : s'étirer

Fukk, Fukku : dix

Funga : *fu* suivi du pronom *nga*

Funuy : où... nous

Fur : placer un traquenard, un piège

Furno (bi) : fourneau malgache

Futbal (bi) : football (anglais)

G

Gaa : gens

Gaaf (gi) : influence néfaste — (aay gaaf) : influence néfaste

Gaal (gi) : pirogue, navire

Gaañ : blesser

Gaañi : messieurs, dames, les gens

Gaañu : se blesser, être mort, être blessé

Gaaral : parler en mal de quelqu'un indirectement

Gaawu, Gaawantu : se dépêcher

Gaawu

Galaaj (gi) : gris-gris protecteur

Galan ou **Galân** (gi) : baguette servant à taper sur les instruments à percussion

Gamb (gi) : instrument de musique traditionnelle ; calebasse cultivée

Gaddu : porter (sur les épaules), brandir

Gammu (gi) : mois de la naissance du prophète

Gan (gi) : étranger, hôte

Ganaar (gi) : poulet, poule

Gancax (gi) : flore, herbe

Ganjool : Sud ; ville du Sénégal

Ganaaw (gi) : dos, derrière, à part

Gangari (bi) : crise d'épilepsie

Gannaar : Nord Mauritanie

Garab (gi) : arbre, médicament

Gatt : court, honteux

Gattal : raccourcir

Gaynde (gi) : lion

Gaynde geej : requin

Gee : v. Jee

Geej (gi) : océan, mer

Gejj (gi) : poisson sec

Geer : catégorie des non-castés

Geex : roter

Gelewaar : prince

Gemmiñ : bouche

Genn : un

Gennë : sortir

Genne : faire sortir

Geño ceinture, lignage, agnatique

Gent (gi) : vertige, rêve

Gepp : tout

Gerte (gi) : arachide

Gerte tubaab : badamier, amandier de Gambie

Gewël (bi) : griot

Gëleem : dromadaire, chameau

Gëm : croire, avoir la foi

Gëmmeentu : avoir sommeil

Gën : mieux, être meilleur

Gërëm : remercier, féliciter

Gët : yeux (pluriel de bët)

Gi : (du, de, ce, le, la, etc.)

Gii : (ce, cette)

Ginnaaw (gi) ou **Gannaaw** : derrière

Gis : voir

Gise : se concerter, se rencontrer

Goj (gi) : corde de puits

Golo (gi) : singe

Gone (gi) : enfant (on dit aussi *Gune*)

Gongo (gi) produit proche de l'encens pour parfumer le corps des femmes

Gont : partir de chez soi en début d'après-midi ; aller au travail en début d'après-midi

Gopp (gi) : matériel pour cultiver les champs

Gor (gi) : noble, couper un arbre

Goor (gi) : homme, male, viril

Goorgoorlu : s'efforcer de faire

Gor (gi) : homme libre

Gor : abattre un arbre

Goro (bi) : beau parent, bel enfant

Gorong (gi) : instrument de musique traditionnel wolof

Gudd : long

Gudde : être en retard (en parlant du soir)

Guddi (gi) : nuit

Gune (gi) : gamin

Gumbë (gi) : aveugle

Guro (gi) : cola, colatier

Guy (gi) : goyave, goyavier

Giir (gi) : parenté par le sang, par lignage

H

Hür : pieu

I

I : suffixe de formation de substantif (ex : *wax*, « parler » donne *waxi*, « parole »)

Il : exclamation traduisant l'étonnement, la surprise, la désapprobation

Indi : apporter, amener (ex : Indil sa ëmb : « Amène ton colis » — *Indil xaalisbi* : « Donne l'argent »)

Im dillah : je remercie Dieu (arabe « Al hamdu'llah ») ; louange à Dieu

Isin (bi) : usine (français)

It : aussi

Itam ou **Yitam** ou **Yit** : aussi

Iwil (bi) : huile de moteur (français)

J

Ja ou **Jaba** : marché (ex : *jawu jën* : « le marché aux poissons »)

Jaajëf : merci

Jaan (ji) : serpent

Jaam (bi) : esclave

Jaar : passer

Jaaro : bijoux

Jaaronopp : boucle d'oreilles

Jaay : vendre

Jabar (ji) : épouse

Jadd : tourner un coin de rue

Jafe : difficile, cher

Jaffur ou **Jaafur** : transe d'auto-accusation du *dëmm*

Jakka (ji) : mosquée

Jamaale (bi) : prétendant, toucher une cible, une proie, piquer

Jamano (ji) : temps (durée) (arabe)

Jamanool : dater

Jamb Suukër ou **bant suukër** : canne à sucre

Jambur : homme de paix, qui n'aime pas la bagarre

Jamm (ji) : paix (ex : *jamm ag jamm* : « ça va », littéralement « paix et paix »)

Jamu : se piquer, tatouer, tatouage des gencives ou des lèvres

Jang (mi) : instruire, apprendre

Jangalekat (bi) : professeur

Japp : attraper, faire des ablutions

Jaraaf : chef de village ; nom d'une épuipe de football Dakaroise

Jar : bon marché

Jarbaat : neveu et nièce utérins

Jasig (ji) : crocodile

Jatt : réciter un verset ou une incantation pour annihiler la volonté d'un animal ou d'une personne

Jebal : envoyer, dédier, donner en mariage, synonyme de sëyt

Jeballe (bi) ; cérémonie de dépucelage, synonyme : *cëyt*

Jee, Gee : période située juste après le crépuscule marquant la 5e prière musulmane

Jeex : fini, terminé, maigrir, être devenu maigre

Jeggël : pardonner

Jek : élégant

Jëf (ji) : actes, pratiques

Jëkk : premier

Jëkër (ji) : mari

Jël : prendre (direction)

Jëm : aller, se diriger

Jën (wi) : poisson

Jënd : acheter

Ji : semer, article (le, la), dans, sur (proximité)

Jigeen (Ji) : femme, femelle

Jii : celui-ci, celle-ci (rapprochement)

Jiital : mettre à l'avant, mettre en dessous (vêtement)

Jiite : diriger (par ex : une prière)

Jiitle : par alliance (ex : *doomu jiitle* : « enfant par alliance » *baayu jiitle* : « père par alliance », « beau-père ») ; devancer, marcher en file indienne

Jiitu : premier, précéder

Jik : qui procure une bonne influence, qui porte bonheur

Jiko : v. *Juko*

Jinne (ji) : djinn (arabe)

Jis : voir

Jiwu (ji) : semence

Jog : se lever, être ferme, être orgueilleux (*nit ku jog*, « vaniteux »)

Joge : venir de ; proche

Joku : tenir de quelqu'un, être attaché à une personne ou une idée

Jom (ji) : honneur

Jommi : être envoûté, ensorcelé

Jot (ji) : advenir, arriver à quelqu'un

Jotali : faire passer quelque chose, amplifier ce que dit quelqu'un en répétant haut ses paroles

Jut : droit, exact, honnête

Jublu : se diriger vers, tourners la face vers.

Juboo : s'entendre, se réconcilier

Juddu : naître

Juko (ji), **Jiko** (ji) : conduite, attitude, comportement

Julli : prier

Jullit (bi) : musulman, (lit. : prieur)

Jun Jung : instrument traditionnel de musique, sorte de tambour

Junne : mille — cinq mille francs CFA (10O FF)

Jur : engendrer ; mettre-bas, au monde ; bétail

Juroom : cinq — **Juroom fuk** : cinquante

Juug : mettre en tas

Juum : se tromper

Juumati : se tromper de nouveau

Juuy : tromper, feindre

Juuyoo : se rater mutuellement (ex : rendez-vous) manquer quelqu'un

K

Ka : voir **ko** ; démonstratif 3ᵉ personne ; possessif 3ᵉ personne

Kaang (bi) : « grosse tête » — personne de grande connaissance

Kaani (gi) : piment

Kaas (bi) : tasse, verre (arabe)

Kaay : viens (impératif irrégulier)

Kad (gi) : gros arbre sénégalais

Kaddu (gi) : vocabulaire, verbe, parole

Kae : celui-là

Kan : qui

Kannaar (bi) : cadenas (français) ; koom en wolof

Kanam : visage, sexe (ci kanam : devant)

Kañ : quand (français)

Kat : suffixe de métier

Kattan (gi) : force, capacité

Kawas (bi) : chaussettes

Kay : 3ᵉ personne objet duratif inaccompli

Kee : celui-là

Ken — **Kune** : chaque, chacun, quelqu'un

Kelifa (gi) : doyen, responsable de famille, parent, époux (arabe)

Kenn (ki) personne (dans des phrases négatives) ; l'unique, le même = Kennki

Kepaar (gi) : ombre des arbres et des maisons qui sert de lieu de palabres

Kersa (gi) : pudeur, pondération

Kepp : seul, unique ; attache ; pincer, coincer

Kewël (gi) : **Kewal** : antilope, biche

Këll (gi) : calebasse

Këpp : renverser, retourner un ustensile

Kër (gi) : maison, maisonnée, famille, lieu de résidence

Kërkëri : s'affairer

Këru : maison de

Kërìñ (gi) : charbon de bois

Ki : celui (qui)

Kii : celui-ci

Kile : celui-ci

Kiltir (bi) : culture (français)

Ko : pronom personnel le, la, lui (ex : *wax ko mu dem* : « dites-lui de partir »)

Kook (gi) : petite cuillère en bois — petite calebasse

Koo : qui (2ᵉ personne)

Kooka : celui ou celle qui (éloignement)

Kooku : qui est-ce qui ? qui est-ce ? celui-là

Koodaay (li) : façon de s'habiller — habillement — dépense donnée par l'époux pour l'habillement de la femme

Kolëre (gi) : relations de sympathie et de bon voisinage réciproque

Kom-Kom (bi, gi) : économie

Komu : jeu d'osselets traditionnel

Kon, Koon : donc

Koor (gi) : ramadan

Korba : cartouche traditionnelle pour *dibi* (fusil traditionnel)

Kori (gi) : mois de chewal

Korité : fête musulmane de la fin du ramadan (Aïd es seghir)

Kort : mauvais sort que l'on jette sur quelqu'un

Kooy : qui, que, 3ᵉ personne objet, duratif inaccompi

L

La : pronom personnel de la 3e personne (présent accompli)

Laa : pronom personnel de la première personne

Laac : demander, questionner

Laac (gi) : ail

Laaj : demander

Laal : toucher

Laax (bil) : pâte de mil, repas traditionnel wolof

Laaxaan : démarche qui consiste à faire reconnaître une grossesse à la famille de l'homme (le plus souvent dans le cas d'une grossesse hors mariage)

Lakk : parler une langue étrangère, langue

Lakale : turbulent, incommode

Lal (bi) : lit, approuver un acte ou pesonnalité de quelqu'un par un geste sympathique

Lam (bi) : bracelet

Lamb : lieu où se déroule la lutte (sport) ; organiser une lutte

Laman (bi) : propriétaire terrien

Lamaana : territoire

Lam-lam : village du Sénégal

Lammiñ (bi) : langue (organe)

Lambaatu : tripoter ; chercher son chemin

Lan : quoi ? quel ?

Langaa buri : jeu traditionnel wolof — analogue à cache-cache, pratiqué par les garçons

Laap taake (bi) : talisman pour parer les attaques

Laax : sanglé

Laobe (bi) : travailleur du bois

Laq : cacher, faire disparaître

Lawoon : c'était, ce qui était

Law : fané, mou

Layduur : sené

Leemaay (bi) : prière de protection

Leemu : réciter des prières de protection contre les mauvais esprits ou les influences néfastes

Leen : vous

Leep (bi) : conte, fable

Leer (gi) : clair, limpide, lumière

Leeraay (bi) : clarté, luminosité

Lekat (gi) : calebasse

Lekool (bi) : école

Lekk : manger

Legët : cicatrice

Lepp : tout

Lett (bi) : coiffure, coiffer une femme ; tresse

Lettu : se tresser

Lëk (bi) : lièvre

Lël : chambre des circoncis

Liko : à partir de

Ligeey (bi) : travail, travailler, jeter un sort

Linga : « Ce que tu... »

Lingma : ce que tu me...

Liir (bi) : bébé

Loli : automne

Lool : trop, beaucoup

Loolu : cela

Loos (wi) : cou

Lor (wi) : crachat, causer un dommage à quelqu'un

Lox : trembler

Loxo (bi) : main ; bras

Lu : ce que, tout ce que

Lu : se taire, être muet

Lutax : pourquoi

Luy : quel ? qu'est-ce que ?

M

Ma : je, moi

Maa : est-ce que... ?

Maafe : plat à la sauce d'arachide

Maam (ji) : grand parent

Maanaam : c'est-à-dire, à peu près.

Maas : égal, de même âge, prénom de personne

Maasale : égaliser, aplanir

Mag : personne âgée, personne majeure

Magal : commémoration du départ en exil du Cheikh Ahmadou Bamba, fondateur de la confrérie mouride ; célébrer

Maggat : vieillard, ancêtre vivant, petit enfant intelligent, doué

Man : moi

Mangi : je, me voici (pronom présentatif)

Mar : avoir soif

Mareñ : grimper

Marhaba : bienvenue (arabe)

Marse : marché

Mat : parfait, complet

Maye : donner, accorder

Mbaa : n'est-ce pas que ? ou bien

Mbaa (mir) : tente, hutte, maison des circoncis

M'Backé : nom de famille

M'Backé-M'Backé : de la famille des M'Backé

M'baj (mi) : couverture

Mbalax (mi) : danse wolof accompagnée de percussions et de chants

M'band (mi) : gros canari

Mbappat : lutte traditionnelle se pratiquant la nuit

Mbaxane (mi) : couvre-chef en général

Mbedd (mi) : rue

Mbey (mi) : agriculture

Mbër : lutteur

Mbindaan(mi) : servante

Mbir (mi) : affaire ; en ce qui concerne

Mbokk (mi) : parenté

Mbooj : nom de famille waalo-waalo

Mboojeen : de la famille des M'Booj

Mboolo (mi) : groupe, association

Mbootay (mi) : bande, groupe, compagnie, cellule, société

Mbootu (mi) : pagne servant à porter l'enfant sur le dos de sa mère

Mboq : coincer sous l'aisselle ; maïs

Mbul : micocoulier africain

Mbuum (mi) : épinard

Mbuumukër : épinard vert

Mbuumugoor : épinard piquant (ordinairement rougeâtre ainsi que les tiges)

Mburu (mi) : pain

Mën : pouvoir, être capable, savoir faire

Meen : l'énergie issue du lait de la femme qui allaite, parenté utérine

Mel : rassembler

Melo : couleur, apparence

Mer : fâché, être en colère

Metel : foulard

Metti : douloureux

Mettit : douleur

Mocc : soigner par le verbe, réduire la douleur en récitant des versets ou des incantations

Moo di : c'est ceci (v. *mooy*)

Moo tax : c'est pourquoi

Mool : pêcheur

Moom : c'est lui qui (duratif), lui, elle

Moom : appartenir

Moon : faire du couscous à partir de la farine de mil

Mooy : v. *moo di*

Moroom : égal, pair

Mos : goûter (verbe). Mu : qui, que

Munuma, mënuma : je ne peux pas

Muñ : patience, patienter, endurer

Mucc : être sauf, accoucher

Mukk : jamais

Mu : dernier, être le dernier

Muur : couvrir, recouvrir, chance

Muus : intelligence, chat

N

Na : pronom de la 3ᵉ personne du singulier (ex : *Deṁ na* : « Il est parti »)

Na : comment ?

Naa : pronom de l'accompli de la première personne du singulier

Naaj (bi, wi) : plein soleil, jour *Naaj na*, « il fait jour »

Naan : boire

Naanaan (bi) : artiste

Naanu (bi) : pipe

Naam : oui (arabe)

Najay ou **Nijaay** : oncle utérin

Naka : comment ?

Nak (wi) : vache

Namm : vouloir, avoir la nostalgie

Nammul : nostalgie

Nank Ndank : doucement, attention

Napp : pêcher

Nappkat (bi) : pêcheur

Natt : mesurer, cotiser, cotisation

Nawet : saison des pluies

Nawetaan : travailleur saisonnier

Nawle : personne de même caste ou classe sociale

Ndaare : dernier dans une compétition

Ndab ou **Ndap**(bi, li) : récipient

Ndada : dernier

Ndakaaru : Dakar

Ndam (li) : victoire, succès

Ndaanaan (bi) : artiste

Ndar : Saint-Louis (ville du Sénégal)

Ndaw (li) : petit, envoyé, commissionnaire, jeune dame

Ndax : à cause de, parce que

Ndax lan : pourquoi, pour quelle raison ?

Ndax : tromper, duper, feinter

Ndaxte : parce que

Ndayjoor : droite (loxo ndayjoor : main droite)

Ndekke : alors que ; de fait, certes

Ndekki : petit déjeuner

Ndey (ji) : mère, prénom de la fille homonyme de la mère de son père

Ndëmm : anthropophagie

Ndënd : gros tam-tam, tambour

Ndëp : rite de guérison des possédés chez les Lébous

Ndëpkat : l'officiant du Ndëp, la personne qui dirige la cérémonie du Ndëp

Ndigël (gi) : ordre, recommandation, conseil

Ndigg (li) : bassin, ceinture

Ndimmël : aide

Ndox (mi) : eau

Ndoxaan : parade amoureuse, action de faire la cour à une femme

Ndumbelaan : république des animaux dans le conte wolof

Ndugoor : fruit africain

Ne (ni) : que (pr. relatif) ; alors

Neeg : méchant, sadique

Neeg (bi) : chambre, case

Neegu ñax : case en paille

Neen : rien

Neena : il dit, il a dit

Neew : dépouille mortelle, cadavre

Neex : bon, agréable

Neexul : ce n'est pas bon, c'est désagréable

Nef : femme qui retombe enceinte très vite après un accouchement

Neg : attendre

Nekk : être, se trouver, se situer

Nelaw : dormir, mourir

Nelewaan : ce qui fait dormir

Nemeeku : visiter, se rappeler

Nettali : raconter

New : pommier du Cayor

Newi : enflé

Nëb : pourri

Nëbb : cacher

Nëqq : bas-ventre ; plonger quelqu'un ou quelque chose dans l'eau

Nga : tu, vous (singulier)

Ngaam (wi, bi) : mâchoire

Ngam : contraction de *Nga-am* : « tu as »

Ngan (gi) : réception des hôtes

Ngas : avoir la rougeole, rougeole

Ngeen : vous

Ngeew (bi) : Européen, Français

Ngelaw (li) : vent

Ngente (li) : baptême du bébé (8e jour)

Ngëb (bi) : enfermer dans la main, poignée

Ngëm (bi) : foi, croyance

Ngir : dans le but de, pour

Ngooñ (mi) : foin

Ngor : honnêteté, noblesse

Ngoro (li) : fiançailles

Ngot (bi) : espèce de poisson de mer

Nii : comme cela ; comme ça

Niir (bi) : nuage

Niit : éclairer

Nijaay (ji) : oncle maternel

Niki : comme

Nimoro : numéro

Niroo : semblable

Nit : personne, l'être humain

Nite : intelligent

Nitël : rendre sociable une personne

Nitndiay : une personne lucide, bien comme il faut

Nittoodi : débile mental (adjectif)

Njaboot : famille

Njang : (Njangaan) enseignement, instruction

Njan (bi) : chevelure abondante

Njapp (li) : manche, poignet, ablutions

Njaq (li) : petit canari, petite jarre

Njar (mi) : boisson rafraîchissante faite à partir de lait caillé dilué

Njëk : être premier

Njëke (li) : belle sœur

Njël : juste avant l'aube ; repas ; tour

Njëlbeen (bi) : début, commencement

Njiit (gi) : guide

Njiitlaay (li) : pagne court en étoffe légère servant de dessous

Njoloor : moment où le soleil est chaud et au milieu du ciel

Njombor : lièvre

Njool(mi) : personne de grande taille

Nulli (bi) : circoncis

Njunde : mille

Njuuy : feinter, trahir

Nob : aimer

Noflaay : repos, tranquillité

Noor : saison sèche

Nooy : mou, tendre

Nopal : laisser quelqu'un tranquille

Nopale : tranquille, calme

Nopalu : se reposer

Nopp (bi) : oreille

Noppi : avoir fini ; (se) taire

Noxoor (bi) : personne dont seul le père est démon (anthropophage)

Nuyoo : visite, salutation

Nuyu : saluer

Ñ

Ñaan : demander, solliciter, quémander, prière

Ñaar : deux

Ñaareel (bi) : deuxième ; deuxième épouse

Ñaata : combien

Ñaaw : laid, vilain, vil, bas

Ñagg (bi) : tissu en crépon

Ñakk : vacciner

Ñak (bi) : clôture, palissade

Ñam (wi) : nourriture, goûter

Ñambi (bi) : manioc

Ñangaan (bi) : écolier, élève

Ñaqq (mi) : sueur ; suer

Ñatt : trois

Ñaw : coudre ; aiguisé, averti

Ñawkat (bi) : tailleur

Ñax (mi) : herbe

Ñebe (bi) : haricot vert

Ñeeño (bi) : caste inférieure dans la société traditionnelle ouolof (par opposition aux non-castrés)

Ñenenñi : les autres

Ñenñi : d'aucuns

Ñent : quatre

Ñenteel (bi) : quatrième

Ñett, **Ñatt** : trois

Ñeteel, **Ñateel** (bi) : troisième

Ñey (bi) : éléphant

Ñëpp : tous, tout le monde

Ñëw : arriver, venir

Ñebël : cérémonie qui consiste à amener la femme dans le foyer conjugal

Ñi : ceux (proximité)

Ñibbi : retourner chez soi, rentrer

Ñibbisi : retourner à la maison, rentrer

Ñii : ceux-ci, d'aucuns

Ñoganal (li) : goûter vers 17 h-18 h, un en-cas

Ñoganiku : prendre le goûter (un en-cas vers 18 h)

Ñombar : lièvre, malin, rusé

Ñoom : eux

Ñoole : sous-caste de griots

Ñor : cuit, mûr

Ñu : nous

Ñun : nous

Ñuul : noir

Ñuul kukk : d'un noir foncé (*Nit ku ñuul* « l'homme noir »)

O

Obbëli : bailler ; voir bobbëli

Olof : wolof

Ommi : nettoyer les lèvres après le manger

Ommeeku ou **ommiku** : se nettoyer les lèvres après le repas

Ommot Ommat : guider (un aveugle)

Om : maigre

Om : suffixe du possessif (3ᵉ personne du singulier « sa », « son »)

Ooba (bi, gi) : sorte de poisson de rivière qui a beaucoup d'arêtes

Oom : genoux

Oon : suffixe qui marque le passé

Oons (bi) : hameçon

Oppi, **Oppin** : très gourmand

Opp : maladie, malade

P

Paaka (bi) : couteau

Paase (bi) : repassage (linge), repasser

Paj (mi) : soin, traitement

Pajum : soin (ex : **Pajum wolof** : médecine wolof)

Paket (bi) : paquet, emballage de quelque chose

Pakk (bi) (Fr) : partie, région, espace vide

Palaas (bi) : place

Palaat (bi) : assiette, plat (Fr.), voir Ndab

Palanteer (bi) : fenêtre

Parasol (bi) : parapluie (Fr.)

Pare (souvent accompagné de Ba) prêt (Fr.) être prêt ; finir (voir Jekk) (ex : « Solunaa ba pare » : j'ai fini de m'habiller)

Paskë (français) : parce que

Pass (bi) : attache, nœud

Pass-pass : dévouement

Pasteef : courage, dévouement

Paseel (bi) : beignet fourré de poisson

Pataas (bi) : patate douce (Fr.)

Patt (bi) : borgne

Pay (bi, gi) : l'addition (restaurant) ; sexe

Peey (bi) : capitale

Pecc (mi) : danse

Penc (bi) : place publique, arène

Penku (bi) : l'Est, Orient

Pepp (bi) : grain

Petax (bi) : pigeon

Pexe (mi) : moyen, expédient, ruse (**Boroom pexe** : débrouillard, louche)

Pël (bi) : peul ; Poulaar : ethnie du Sénégal et de l'Afrique de l'Ouest

Picc (bi) : oiseau, bouton, pustule

Ping (bi) : épingle, piquer (médecine)

Pingu : se faire piquer (médecine)

Po (mi) : jeu

Pom (bi) : pont, pomme
(gi) : pommier

Pombiteer (bi) : pomme de terre

Poobar (bi) : poivre

Pooc (bi) : cuisse

Poon (bi) : poudre, tabac en poudre ; Foon poon : priser (prendre la poudre de tabac par le nez)

Pooro (bi, gi) : poireau

Porpogaan (bi) : propagande (Fr.)

Pot (bi) : pot ; Potu ndaa : pot du canari ; Poto sambur : pot de chambre

Pulloox (bi) : manioc

Pur : voir Ngir : pour

Purëx : gosier

Puso (bi) : aiguille

Puur : jaune

Purtugees (bi) : portugais

Put (bi, gi) : gorge

R

Raam : ramper

Raap : enrouler

Raay : caresser

Rab ou **rap** (bi) : esprit

Rabb (bi) : tisserand, tisser ; griot vivant du fruit de son travail

Rabbkat (bi) : tisserand

Rafet : beau, joli

Rafetaay : beauté

Rafetul : il n'est pas beau, elle n'est pas belle, ce n'est pas beau

Ragal : avoir peur

Ragg : chétif, très maigre

Rak (bi) : raka'a

Rakk (ji) : frère cadet, sœur cadette, puiné

Rajo : radio

Ratt : traire

Raw : tordre (fil) ; s'échapper, être sauf

Raxas : laver

Raxasu : se laver

Ray ou **Rey** : tuer

Ree : rire

Reen (bi) : racine

Reelu : qui fait rire, drôle

Reer (bi) : dîner

Reer : se perdre, être perdu

Reerël : perdre quelque chose ou quelqu'un

Reetaan : se moquer, rire

Reew (mi) : pays

Reew : impoli, mal éduqué

Regg : rassasié

Rek : seulement

Renn : cette année (en cours)

Res : foie

Reseñ (ji, bi, si) : raisin

Rewle : aider à l'accouchement

Rey, Rëy : grand, gros

Rëb : chasse ; maudire

Rëd : tracer, tirer

Rënd : garniture d'un repas

Rëpeel : tomber à la renverse

Rëqq : avoir une entorse, une foulure

Rëy : v. *rey*

Romb : passer à proximité

Roof (bi, gi) : farce de poisson

Roof : insérer, faire rentrer

Root : puiser de l'eau

Rop : conduire la pompe funèbre

Roppi : retirer (contraire de Roof)

Roq (bi) : coin

Roy : imiter

Rus : honte

Ruuj : défricher

Ruy : bouillie à base de farine de mil ; somme d'argent donnée par l'époux pour le baptême du nouveau-né

S

Sa : ton, ta, votre

Saa : moment, heure, la dernière heure (ar.)

Saabu (bi) : savon

Saaf : griller, torrifier

Saafara (si) : talisman sous forme de liquide, onction

Saaga : insulte, injure

Saaku (bi) : sac

Saala : circoncision

Saalum : Saloum, région du Sénégal

Saam, Sama : ma, mon

Saam (bi) : tas

Saar (wi) : verset coranique, patronyme sénégalais

Saa waay : monsieur, « Saa » : diminutif de Saam ou Sama

Saaw (bi) : porc épic

Sabb : parler, chanter (coq)

Sabadoor (bi) : forme de caftan

Sabar (bi) : genre de tambour, instrument de musique traditionnelle

Sacc (bi) : voleur, voler

Safara (wi) : feu

Saafara (si) : gris-gris liquide

Saf : épicé

Saf-sapp : bien épicé

Sago (si) : retenue, qualité, conduite

Sakare Yalla : espace entre deux incisives

Sakk : prélever

Sakket (bi) : clôture, palissade, clôturer

Salaat (si) : salade

Samm (bi) : berger

Samay : mes

Samdi (bi) : samedi

Samoori (bi) : jeu de tradition wolof, genre de cache-cache

Samp : planter, dresser

Sanaana (bi) : ananas

Sanc : fonder, construire

Sang : couvrir, recouvrir, habiller

Sanggara (si) : vin, boisson alcoolisée

Sangg (bi) : maître dans le sens du rapport maître-esclave, enfant de l'oncle utérin ; laver

Sanggu : se laver

Sannl : jeter, lancer

Sanqal (bi, si) : mil pilé

Sant : patronyme, remercier, être reconnaissant

Sañ : oser

Sarax (si) : aumône, offrande

Saraxule ou **Saraxole** : ethnie sarakole

Satala (si) : bouilloire

Sawar : dynamique, actif

Sax : pousser ; durer

Saxaar (si) : train, autorail, fumée

Saxal : planter (plante), faire durer

Saxx (si) : grenier

Sax-sax (si) : proprement dit

Say (bi) : fagot

Sedd (bi) : froid, rhumatisme ; hiver

Seen : patronyme sénégalais

Seen ou **Say** : tes, vos, leur, votre

Seet : regarder, consulter, prévoir, chercher

Seetaan : assister à, regarder en (spectateur)

Seeti : aller rendre visite

Seetkat (bi) : voyant

Seetlu : consulter un voyant ; tester quelqu'un

Seetu (bi) : miroir

Seetsi : être venu voir quelqu'un. Ex : dama la setsi : je suis venu te voir

Sëb (si) : haricot

Seexlu : allergique

Sëg (ya) : cimetière ; dépôt d'ordure

Sëgg : se courber, se baisser, baisser la tête, être aveugle

Segg (bi) : tigre ; filtrer

Sekerteer : secrétaire

Selaw : calme ; absolu

Selbe (bi) : personne chargée d'encadrer les circoncis

Semmiñ (bi) : hache

Sëng (bi) : vin de palme

Senègaal : Sénégal

Sëpp : dresser un fagot, tenir debout

Sëppëtël : période pendant laquelle le nourrisson apprend à se tenir debout

Septambar : septembre

Sëqëlu : laisser les cheveux pousser

Sëq : chevelu, poilu, touffu

Sëqët : tousser

Seqq (bi) (si) : coq, un « dur » (figuré)

Sër (wi) : pagne

Sereer (si) : Serère

Sëriñ (bi) : enseignant à l'école coranique, connaisseur, savant, marabout

Sero : zéro

Sës : être à bout ; coincé

Set : propre

Setal : rendre propre

Sew : mince, vil, hypocrite

Sey : voir *Sëy*

Sex : mettre à la bouche, porter à la bouche, manger

Sët (bi) : petit-fils, petite-fille

Sëtaat (bi) : arrière-petit-fils

Sëy (bi) : mariage, se marier, faire l'amour

Sëyt : dépuceler, de *Cëyt* : le dépucelage, cérémonie de dépucelage

Sëytaane (si) : satan, causeur de trouble (ar.)

Si : article, au sujet de (voir ci)

Sibiru : être atteint du paludisme

Siin : Sine, région du Sénégal, ancien royaume

Siin-siin : natif du Sine

Siiñ : sourire ; gencive (voir ciin)

Siiru (bi) : chat sauvage

Siis (bi) : chaise, comportement de quelqu'un qui refuse de partager ; jaloux

Sikaab (bi) : Sicap, quartier de Dakar

Sinwaa (yi, bi) : chinois

Sipp (bi) : jupe, acheter du lait caillé

Simb (si) : cérémonie du jeu du faux lion

Simis (bi) : chemise

Simmi : déshabiller

Sindax (bi, si) : margouillat

Simmeeku, Simmiku : se déshabiller

Siññel (bi) : porc-épic

Sob : curiosité

Sobe : souillure, impureté

Siti (si) : une forme de maladie de la peau

Soble (si) : oignon

Socent (bi) : bouton sur le corps, sauterelle

Soccu (bi) : se curer les dents, cure-dent

Soc : enrhumé

Sol ou **Solu** : s'habiller, se vêtir, mettre un habit

Soldaar (bi) : soldat

Solo (yi) : affaires

Sondeel (bi) : bougie

Sonn : fatigué, être fatigué

Sonnal : fatiguer, ennuyer quelqu'un

Sonë : vieux (habits), maladif

Soobee : plaire (en parlant de Dieu) ; ex : bu soobee yalla : s'il plaît à Dieu

Soof : stupide, fade

Soor : mettre le riz à cuire dans la sauce

Soos (bi) : sauce

Soow (mi) : clameur, bruit ; lait caillé

Sopi : changer

Sorans (bi) : orange

Sore : loin, être loin

Sottl : verser ; traduire ; recopier

Sox : poudre de fusil, charger une arme à feu

Soxar : méchant

Soxlo (yi) : préoccupation, besoin

Soq : piler le mil

Suba (si) : demain, matinée (*Ganaw suka* : « Après demain »)

Sukuraat (si) : agonie

Suma ou **Sama** : mon, ma, mes

Sunu, suñu : notre, nos

Sungguf (si) : poudre

Suuf (si) : terre, sable

Surga (bi) : personne subordonnée, dépendante

Sutimberray (bi) : jeu de tradition wolof, genre de cache-cache

Suukër (si) : sucre

Suul : enterrer

Suur : être rassasié

Suuna (si) : millet, petit mil

Sutura (si) : pudeur

Suwetmaa (bi) : sous-vêtement

T

Taabal (ji, bi) : table (fr.)

Taal : allumer ; nom de personne

Taalata (ji) : mardi (ar.) ; giffler

Taalifkat (bi) : poète (ar.)

Taalubé (bi) ou **talibé** : disciple, élève (ar.)

Taamu : faire le choix, choisir, préférer

Taap (bi) : abcès (*Dama taap ci pocc* : « J'ai un abcès à la cuisse »)

Taar (bi, wi) : la grâce chez la femme, beauté

Taasu (bi) : danse entrecoupée par les chants de la danseuse

Taat (yi) : fesses ; partie inférieure d'une chose, de l'arbre, exemple : taatu garab, partie inférieure du tronc (*taatu lal*, « sous le lit »)

Taaw (bi) : enfant aîné

Taax (mi) : mur, construction en dur

Tabi : entrer, pénétrer

Tabaski (bi, ji) : mois du pèlerinage

Tabax (bi) : construire, bâtir un habitat en dur ; une construction en dur

Taccu : applaudir ; taper des mains

Tagg (bi) : nid d'oiseau

Tagge : publier (la mort de quelqu'un)

Taggu, **Taggoo** : demander l'autorisation ; prendre congé

Tagguwaan : cérémonie de séparation des candidats à la circoncision

Takaay : bijoux

Takk : attacher, lier, nouer, cérémonie de mariage, jeter un sort à quelqu'un pour annihiler sa volonté

Taksi (bi) : taxi

Takku : attaché, s'attacher ; dynamique

Takusaan : période située entre 16 h et 18 h

Takusaanu suuf : période située entre 18 h et le coucher du soleil, moment précédent le coucher du soleil

Talal : aller tout droit

Tali (bali) : route goudronnée.

Tall : immaculé (ex : *weex tall*, « d'un blanc immaculé »)

Tall : droit, tendu

Tam : aussi

Tam-Dëm : accuser quelqu'un d'anthopophagie

Tama (ji) : tam-tam sénégalais aux sons variables qui se place sous l'aisselle

Tamball : débuter, commencer

Tamit : aussi, également

Tamxarit (bi) : fête marquant le début de l'année musulmane

Tann : choisir

Tan (wi) : vautour

Tane : se sentir mieux, être en convalescence

Tandarma (bi) : datte

Tang ; Tangal : chaud, réchauffer, bonbon

Tanggoor : chaleur

Tanq : puiser

Tank (bi) : pied

Tanta : tante (français)

Tapaat (bi) : clôture

Taqander (bi) : ombre corporelle, personne, individu

Tarde : en retard (fr.)

Tas : éparpiller, détendre, être fatigué

Tase : rencontrer

Taw (bi) : pluie

Tawat : être malade

Taxaw : se tenir debout, être debout, se maintenir ; véridique

Taxawaay: taille, présence

Taxuraan, Taaxuraan (bi) : chant de troubadour wolof

Tay : aujourd'hui, on peut dire aussi Tayji

Taybaas (bi) : sorte de corsage serré

Tayër (bi) : tailleur

Te : aussi, mais, et (conjonction de coordination)

Teegu : être circoncis, se circoncire

Teel : tôt, matinal

Teen (bi) : puits

Teeñ : poux ; roi du Baol ; quelque chose qu'on met entre le crâne et une charge que l'on porte sur la tête

Teemeer : 100 (cent) 500 Fcfa

Teere (bi) : amulette, gris-gris, livre

Teere : gare, accueillir

Teewal : représenter

Teey : pondération, pondérer avec dicernement

Teddi : prendre son départ, partir, démarrer

Teggin : politesse, respect

Tek : ajouter, cotiser, cotisation

Tekki : traduire

Tekkikat : interprète

Tektal : information, expliquer, indiquer quelque chose

Tenk : marcher doucement et en cadence

Terang (ji) : hospitalité, conviviabilité

Tere : interdire

Tey : aujourd'hui

Tëye : tenir

Tëdd : se coucher, couché ; dormir ; malade

Tëgg : battre le tam-tam ; forger

Tëj : fermer (porte, fenêtre)

Tëngeej : Rufisque

Tëx : sourd

Tilim (gi) : saleté, être sale

Timis (gi) : crépuscule

Tisbaar : moment de la journée entre 12 et 14 h ; 2e prière musulmane de la journée

Toc : cassé, brisé

Toof : étoffe

Toftole : mettre ou dire une chose après une autre

Togg : cuisinier

Toggkat : cuisinier

Toog : s'asseoir

Toogaay : façon de s'asseoir, de s'organiser chez soi

Toogu (gi) : siège

Tool (bi) : champ, jardin

Tollu : au niveau de, se situer, situer

Tont : reprise, réplique

Tontu : répondre à quelqu'un, répliquer

Topp : suivre, poursuivre

Toqqental : breuvage béni donné au nouveau-né avant toute autre boisson

Torotwaar : trottoir

Tox (Tux) : fumer

Tooy : être mouillé, courbature, être fatigué

Tubaab : européen (de l'arabe **tebib**, médecin)

Tubaarkala : grâce à Dieu (arabe)

Tuuba : ville sainte des mourides

Tubey (bi) : pantalon

Tudd : nommer, cérémonie de donation du nom du bébé (8ᵉ jour après la naissance)

Tugël : France

Tukki : voyage ; voyager

Tukulëër (bi) : Toucouleur (ethnie de langue peul)

Tul : invulnérabilité, invulnérable

Tuñ (wi) : lèvre

Tund : hauteur, colline, montagne, dune

Tur : prénom

Tuur : esprit, génie allié à une personne ou une famille ; renversé

Tuuru : être renversé, faire un sacrifice pour satisfaire les esprits (v. *tuur*)

Turki (bi) : chemise traditionnelle

Tuuti : menu, petit, peu

U

U : marque du pluriel ou du négatif (suffixe)

Ub : fermer

Ubbi : ouvrir

Ug, u : de (préposition)

Ul : marque du négatif

Um : suffixe du génitif (ex : *atum ren*, « cette année »)

Uude (bi) : cordonnier

W

Waa : ceux de, les gens de

Waactay (bi) : viatique

Waalo : partie inondée du fleuve Sénégal, région du Sénégal

Waalo-waalo : natif du Waalo

Waañ (wi) : cuisine (le lieu)

Waante : mais

Waar : étonner

Waaru : étonné

Waas : écailler, carpe, dénigrer

Waat : une deuxième fois

Waat : jurer

Waaw : oui, Waaw kañ : merci, de rien

Waawaaw : oui oui, oui bien sûr

Waay (interject) : comment !

Waay : gars, individu

Waaye : mais, cependant

Wa : article (après le nom)

Wacc : descendre

Wacce : faire descendre

Waccu(yi) : vomir, vomissement

Waaj : se préparer

Wajj (bi) : grillade

Wal : piler, moudre

Wall (wi) : part, position, partie

Walla : ou bien

Walli : rejoindre l'autre partie

Waliis : mot français passé dans le wolof : valise, cadeau accordé à la fiancée avant le Takk

Wan (e) : montrer, revoir

Wanale : présentation des personnes, se revoir.

Wanak : toilettes

Wann : avaler

Wañi : diminuer (un prix), réduire

Waññi : compter

Waqq : partie du corps située entre la partie inférieure du ventre et la région sexuelle, bas-ventre

War : monter sur

War : devoir (verbe)

Wareef : obligation

Warga (bi, wi) : thé en feuille (arabe)

Waru : devoir (substantif)

Warugar : dot

Wasin : accoucher

Wasinwees : une nouvellement accouchée

Watu : se coiffer

Wat : raser la tête, pagaie, coiffer un homme

Watkat : coiffeur

Waxaat : répéter

Waxeet : retirer ce qu'on a dit

Wax : parler, causer

Waxtaan : causerie

Waxi : les paroles de quelqu'un

Waxin : façon de parler, accent

Waxtu (wi) : heure ; monologuer

Waxaale : marchander ; fiancé à qui on a déjà donné sa parole

Way : chanter ; caillé (lait caillé)

Wayaase : voyager

We (bi) : ongle

Weccat (wi) : monnaie (de *wecce*, « échange », « troc »)

Wecci : rendre la monnaie

Ween : seins, mamelles

Weer : adosser

Weer (wi) : mois, lune

Weesu : dépasser, faire plus, donner plus

Weex : blanc

Weex tal : blanc éclatant

Wenn : même (avant le nom)

Weñ: mouche ; fer

Weñ : rouillé

Wer : être en bonne santé, être guéri

Wes : ajouter quelque chose au produit vendu pour faire plaisir au client

Wet : côté, près de, flanc. Ex : **Ci wetu geejgi** : près de la mer

Wëllis : siffler

Wëñ (wi) : fil d'étoffe

Wi : ci, là

Wi : article (après le nom)

Wodd : mettre le pagne, habiller

Woddu : se mettre le pagne

Wokkatu : se gratter

Wol : piler, piler le mil

Wolof : wolof

Won : montrer

Wone : montrer, faire voir

Woo : appeler quelqu'un

Woote (bi) : appel, appeler

Woom (yi) : genoux

Woon : montrer, suffixe manquant le passé

Woor : être sûr

Woor : jeûner

Wote : voter

Woto : auto, voiture

Wottu : se méfier, faire attention, apprendre par cœur, faire place

Wox (Wax) : parler, causer

Woy : chant, chanson

Woyof : léger

Wudde (bi) : cordonnier

Wujj (wi) : co-épouse

Wulli : tanner

Wurl : faire le tour

Wurus : or

Wut : chercher

Wuute : différent

Wuyyu : répondre à l'appel

X

Xabaar (bi) : nouvelle (ar.)

Xaaj : moitié

Xaaju guddi : milieu de la nuit

Xaftaan (bi) : caftan

Xala (bi) : sorte d'impuissance provoquée par un mauvais sort

Xalam (bi) : guitare mono ou tri-corde en pays wolof

Xalamandur : jeu de tradition wolof

Xalaat (bi) : penser, réfléchir, se souvenir

Xale (bi) : enfant, jeune

Xaalis : argent (monnaie ou métal)

Xamul : ignorant

Xanaa : n'est-ce pas que, est-ce que ?

Xaar : attendre

Xar (mi) : mouton, casser quelque chose en deux parties

Xare : guerre

Xarfal : circoncis, circoncire

Xarit (bi) : ami, moitié ; *Xama xarit* : mon ami

Xarnu : siècle (arabe)

Xass : insulte, consistant à raconter les conduites ou les défauts de quelqu'un

Xawma : je ne sais pas (contraction de Xamuma)

Xawna : à peu près

Xaxar : sorte de danse pratiquée par les femmes d'un village qui accueille une nouvelle mariée, c'est en fait une série d'insultes adressées à la nouvelle mariée pour simuler leur mécontentement

Xel (mi) : intelligence

Xeer (bi) : pierre, rocher

Xeesal : de Xees (teint clair), dépigmentation de la peau pour avoir le teint clair

Xeet (wi) : parenté utérine, synonyme de Meen

Xeex (bi) : bataille, se battre

Xel (mi) : intelligence

Xeram (bi) : magie, on dit aussi *xërëm* ou *xerëm*

Xeramkat : magicien ; sorcier

Xew-xew : événement

Xeyna : peut-être

Xëcc : tirer

Xëg : sortir le matin ; se rendre au travail le matin

Xëter (gi) : poumon

Xiif : faim

Xob (bi) : feuille

Xol (bi) : cœur

Xool : regarder

Xolli : éplucher, décortiquer

Xollit (bi) : coque

Xonjom (bi) : fétiche, magie noire

Xonjomkat : féticheur

Xonk : rouge, *xonk coy* : d'un rouge vif

Xoon : coin de l'œil, insulte aussi

Xorom (si) : sel, saler

Xuli : regarder en ouvrant grand les yeux

Xuluñe (bi) : aubergine amère

Xuloo : dispute, se disputer

Xur : vallée

Y

Ya: marque du pluriel (éloignement) voir Yi

Yaa : vaste, large

Yaatu : être vaste ; accueillant, hospitalier

Yaakaar : espoir, espérer

Yaasa (bi) : plat à base de sauce oignon et poulet avec du riz blanc

Yaay (ji) : maman ; c'est toi qui

Yaaba (bi) : danse traditionnelle wolof des années 30

Yabbi : enlever de la bouche

Yagg : être long, durer

Yak : servir

Yakkamti : être pressé

Yall : diminutif de Yalla introduit un souhait ; sorte de reptile

Yalla : Dieu

Yam : moyen, juste milieu, mesuré

Yamar : feuille

Yan : lesquels ? charge ; poids

Yanu : porter sur la tête, soulever de terre ; se charger de quelque chose ; supporter quelque chose ; aider à mettre sur sa tête quelque chose de lourd

Yangi : te voici

Yanukat (bi) : porteur

Yapp : viande

Yapp : irrespect

Yaqqantu : faire l'impoli, des caprices

Yaqqu : impoli, mal éduqué ; être en panne, détérioré, que l'on ne peut plus utiliser

Yar : éduquer, éducation

Yaru : être éduqué

Yaram (wi) : le corps d'une personne ou de quelque chose

(**Wergi yaram** : bonne santé)

Yass : crise d'épilepsie

Yass (bi) : sorte de poisson sec

Yaw : toi, vous

Yax (bi) : os

Yaxantu : commencer à apprendre quelque chose

Yaxxu : être en panne

Yeefer (bi) : animiste, incroyant

Yeeg : montrer

Yeege : faire monter, élever

Yeel (gi) : tibia, jarret

Yeen, (Yaw) : vous (pronom personnel)

Yeen : sourcils

Yeene (gi) : intention, annoncer

Yeenekat : crieur public

Yees : passé ; *Yees na* : c'est passé

Yees : pire

Yeet (gi) : grand limaçon

Yeew : nouer, attacher ; python

Yeewu : se réveiller, être intelligent

Yeewute : intelligence

Yegg : arriver

Yekket : lever brusquement, arracher du sol

Yekkëti : lever

Yeksi : venir

Yelif : commander

Yendu : passer la journée

Yenn : certains

Yendu : passer la journée chez quelqu'un

Yeneen : d'autre, autres

Yermënde (gi) : miséricorde

Yewwi : libérer, détacher, délier ; divorcer

Yewweeku : se détacher, se libérer

Yëkk : taureau, bœuf

Yëpp : tout

Yëre (bi) : habit

Yërëm : pitié, avoir pitié (dama la yërëm : je te plains)

Yi : les (article pluriel)

Yii : ceux-ci

Yit, yitam : (it, itam) aussi

Yoo : moustique

Yobbaale : amener avec soi

Yobbël : colis, cadeau, provisions

Yobbu : amener, apporter, guider quelqu'un

Yokk : ajouter, multiplier

Yokku : s'augmenter, progresser

Yomb : facile, bon marché ; genre de légume (crotolaine)

Yombal : faciliter

Yonent (bi) : prophète

Yonnee : envoyer quelqu'un pour un message

Yonni : envoyer quelqu'un

Yoon (wi) : chemin, route, chaussée

Yoonent (bi) : message

Yoor-yoor : moment de la journée entre 10 h et midi

Yoos (bi) : poisson, banc de petits poissons

Yoote : damier à douze pions, jeu traditionnel wolof

Yooyu : ces, ceux-là

Yor (e) : tenir, posséder, entretenir

Yor, yore : avoir en main, en sa possession

Yos : désinence des pronoms possessifs pluriels

Yoxo (yi) : mains (pluriel de *loxo*)

Yu : qui est, qui sont

Yumpaañ (bi) : épouse de l'oncle utérin

TABLE DES MATIÈRES

639749 - Février 2016
Achevé d'imprimer par